제7대 달라이 라마의 가르침

보석 같은 지혜

ཨོཾ་མ་ཎི་པ་དྨེ་ཧཱུྃ

Gems of Wisdom
Copyright © 1999 Glenn H. Mullin
Snow Lion Publications
P.O. BOX 6483
Ithaca, New York 14851 U.S.A.
Telephone: 607-273-8519
www.snowlionpub.com

All rights reserved. No portion of this work may be reproduced by any means without written permission from the publisher.

이 책의 한국어판 저작권은 미륵사(MAITRI BOOKS)가 소유합니다.
저작권법에 의해 한국 내에서 보호를 받는 저작물이므로 무단 전재와 복제를 금합니다.

제7대 달라이 라마의 가르침
보석 같은 지혜
ⓒ MAITRI BOOKS
Printed in Seoul, KOREA

발행일 | 초판 1쇄 2016년 3월 9일. 2쇄 2016년 9월 24일
지은이 | 제7대 달라이 라마
영역 및 해설 | 라마 글렌(Lama Glenn)
국역 및 보충 | 아찰라(Acala) 김영로
펴낸이 | 정 청월
펴낸 곳 | 미륵사(MAITRI BOOKS)
주소 | 서울시 중구 신당동 404-1, 4층
등록번호 | 2015-000196
전화 | 010-8395-8881
E-mail | chongwol@yahoo.com
책값 | 10,000원
ISBN | 979-11-957211-0-8 03220

GEMS OF WISDOM

대자대비 관세음의 화현인
열네 분의 달라이 라마들 중에서
티베트인들의 사랑을 가장 많이 받아온

제7대 달라이 라마의 가르침

보석 같은 지혜

영역-해설: 라마 글렌(Lama Glenn)
국역-보충: 아찰라 김영로

깨달음의 보물창고
MAITRI BOOKS
미륵사

Preface to the Korean Edition

It gives me great pleasure that my Sangha friend Mr Young Ro Kim, aka, Acala, has prepared a Korean edition of my book on a Buddhist verse work by the Seventh Dalai Lama (1708-1757), the formal name of which is *Gems of Wisdom as Questions and Answers*. The work is the last in a collection of writings by the Seventh, with the formal title "Spiritual Songs and Mystical Poems on the Lojong and Lam Rim Experience." That is to say, the collection as a whole is comprised of the Seventh's writings in the genre of the Lojong and Lam Rim transmissions that were brought to Tibet by the great Indian Bengali master Atisha Dipamkara Shrijnana in the mid- eleventh century, and that quickly became the basis of all schools of Tibetan Buddhism.

I originally translated the collection from Tibetan to English in the late 1970s, while in my Buddhist training in Dharamsala. The original edition carried a Foreword by my great guru, Kyabjey Ling Dorjechang, who was the Ganden Tripa at the time, or Gelukpa Grand Patriarch. Ling Rinpoche was also the Dalai Lama's great guru. The book was published by Snow Lion Books in the USA as *Songs of Spiritual Change*. Later Snow Lion republished the text as *Meditations to Change the Mind*, and it is still in print under that title. In this second edition they left out *Gems of Wisdom as Questions and Answers*, and instead published this as a separate volume, together with a simple commentary that I wrote to it, based on a teaching that I gave to some of my disciples, with the title *Gems of Wisdom from the Seventh Dalai Lama*. This text was very well received, and was soon published in several European translations, including French and Spanish.

The text reveals not only the wit and wisdom of the Seventh Dalai Lama, but also affords a window into the vast and profound nature of Tibetan Buddhism. The wording is simple, but the meaning of immense practical value to both novice and advanced Buddhist practitioners alike.

Several of my Korean friends and students have contributed to the cost of publication. I would like to thank them very much for their patronage.

I offer my prayers that it might bring as much reading pleasure and spiritual benefit to Koreans as it has to its American and European audiences.

Lama Glenn
(Ngakpa Maitri Zopa)
Feb 19, 2016

라마 글렌의 한국어판 서문

저의 승가 친구인 아찰라 김영로 거사가 저의 책의 한국어판을 만들어주어서 저는 무척 기쁩니다. 이 책은 제7대 달라이 라마(1708-1757)의 저술인데, 정식 명칭은 *보석 같은 지혜에 관한 질의응답*입니다. 이 저작물은 "로종(Lojong)과 람림(Ram Rim) 경험에 관한 게송과 신비한 시들(mystical poems)"이라는 명칭을 가진 7대 달라이 라마의 저술의 선집 중에서 마지막에 나오는 것입니다. 다시 말해, 전체적으로 이 선집은 11세기 중반에 인도 벵골 출신의 위대한 스승인 아띠샤 디빰까라 슈리즈냐나(Atisha Dipamkara Shrijnana)가 티베트로 가져와서 곧 모든 티베트 불교학파의 기반이 된 로종과 람림 전승 분야에서의 7대 달라이 라마의 저술로 구성되어있습니다.

제가 처음으로 이 선집을 티베트어로부터 영어로 옮긴 것은 제가 다람살라에서 불교교육을 받고 있을 때였습니다. 초판에는 저의 대스승이셨던 깝제 링 도제창에 의한 서문이 있었습니다. 이 분은 그 당시 간덴사원의 수장 (겔룩빠의 종정)이셨습니다.

링 린뽀체는 또한 14대 달라이 라마의 대스승이셨습니다. 이 책은 미국에서는 Snow Lion Books에 의해 *정신적인 변화의 노래*라는 이름으로 출판되었는데, 나중에 *마음을 바꾸기 위한 명상*으로 다시 출판되어 지금도 이 명칭으로 나와 있습니다. 이 제2판에서는 *보석 같은 지혜에 관한 질의응답*은 그 선집에서 빼어 이것을 별개의 책으로 출판했는데, 여기에는 제가 저의 일부 제자들에게 준 가르침을 기반으로 제가 쓴 간단한 해설이 붙어 있고, *7대 달라이 라마의 보석 같은 지혜*라는 제호가 붙어 있습니다.

이 책에 대한 독자들의 반응은 좋아서 곧 여러 유럽 번역판(프랑스어와 스페인어판 포함)이 나왔습니다.

이 책은 7대 달라이 라마의 기지와 지혜를 보여줄 뿐만 아니라 티베트 불교의 방대하고 심오한 성격을 들여다 볼 수 있는 창문을 제공해줍니다. 그가 사용하는 말은 단순하지만, 그 의미는 초보와 고급 불교 수행자들에게 다 같이 막대한 실천적인 가치가 있습니다.

이 책의 출판을 후원해주신 한국 친구들과 제자들에게 깊이 감사드립니다. 그리고 이것이 한국 독자들에게도, 미국과 유럽 독자들에게 준 것과 같은 많은 읽는 즐거움과 정신적인 이익을 주길 기원합니다.

라마 글렌

가장 효과적으로 이 책을 이용하는 방법

- 국역자 아찰라의 조언 -

    어떤 책이 어렵게 느껴지는 것은 그 분야의 용어에 대한 지식이나 경험 부족 때문입니다. 그러므로 모르는 용어를 만나면 그 뜻을 파악하기 위해 노력해야 합니다. 그러나 아무리 애를 써도 안 될 때는 지나가십시오. 열심히 공부해나가면 언젠간 이해할 날이 반드시 올 것입니다.

    이런 깨달음을 위한 책의 목적은 우리들의 마음을 깨달음의 지혜와 사랑으로 변화시키고 성장시키는 데 있습니다. 따라서 이런 책을 읽을 때 가장 중요한 것은 모든 것에 대한 이해 자체가 아니라 자기 자신에게 가장 도움이 되는 말이나 가르침을 찾아서 그것을 실천하는 것입니다. 그러니까 이 책을 조금밖에 이해하지 못했더라도 당신의 마음이 좋은 방향으로 조금이라도 발전했다면 당신은 이 책을 통해 큰 이익을 얻은 것입니다. 이런 책 한 권은 일반 책 수만 권보다 더 가치가 있습니다. 이런 책은 우리들을 영원한 깨달음의 행복으로 인도해주기 때문입니다.

    이 책에서 특히 자신의 마음이 끌리는 부분은 자기와 깊은 인연이 있으니 하루에 한쪽 이상 읽지 말고, 때로는 그곳에서 며칠 동안 머물면서 생각하고 또 생각해보십시오. 자기 내면에서 변화가 일어날 때까지.

    같은 것이라도 보는 사람의 마음에 따라서 달리 보이게 마련이니, 어느 한 부분도 소홀히 하지 말고 잘 살펴보십시오. 이런 책은 한번 읽고 버려서는 안 됩니다. 일생동안 소중한 스승님처럼 가까이 모셔야 많은 것을 얻을 수 있습니다.

    당신의 행운을 빕니다. 아니, 이런 귀한 책을 만난 당신은 이미 대단한 행운아입니다. 축하합니다!

우린 모두 무한한 가능성을 가진 놀라운 존재입니다!

노먼 도이지(Norman Doidge)의 저서 *The Brain That Changes Itself* (우리말 번역판은 『기적을 부르는 뇌』)에 다음과 같은 말이 있습니다.

———・✦・———

"생각과 배움, 행동은 우리들의 유전인자를 작동시키거나 중지시켜서, 우리들의 뇌의 구조와 우리들의 행동방식을 형성할 수 있습니다."

———・✦・———

우리가 여기서 읽을 수 있는 것은 우리가 가진 엄청난 가능성과 희망입니다. 우린 우리들의 마음과 행동을 통해 뇌의 구조뿐만 아니라 우리들의 행동방식까지 마음대로 바꿀 수 있습니다.

긍정적인 것을 배워 긍정적으로 생각하고 행동하면 우리의 몸과 마음도 긍정적으로 바뀔 테고, 반면에 부정적인 것은 부정적인 결과를 가져올 것입니다.

그러니 만일 우리가 가장 좋은 것을 따라가면 우린 가장 좋은 수확을 얻을 수 있을 것입니다.

이 책에는 우리가 이 세상에서 만날 수 있는 가장 높은 가르침이니 우린 틀림없이 최상의 결과를 얻을 것입니다.

또한, 당신의 모든 생각과 행동, 마음은 이 세상 전체에 돌이킬 수 없는 영향을 끼친다는 것을 항상 기억하며 항상 최선을 향해 나아가야 합니다. 이것이 당신 자신을 가장 잘 받드는 길이기도 합니다.

온갖 어려움이나 질병 등으로 고통 받는 이들을 위한 희망의 메시지

어느 65세 뇌졸중 환자의 기적 같은 재활 이야기

* 앞 페이지에서 소개한 책 참조

주인공은 65세에 뇌졸중으로 얼굴과 반신이 마비되어 언어능력과 운동능력을 상실해서 화장실에 갈 때와 샤워할 때 남의 도움을 받아야 했습니다.

처음에는 병원에 가서 전형적인 4주간의 재활치료를 받았으나 조금도 더 나아지지 않았답니다.

그를 돌보는 아들은 의대생이었으나 재활에 대해서는 아무것도 몰랐습니다.

모르는 것이 약이라고, 온갖 당시의 규칙을 어기고 비관적인 이론에 구애받지 않음으로써 그는 아버지의 재활에 성공했습니다.

그는 아이들이 걷기를 배우는 과정에 착안하여 아버지에게 기어 다니는 훈련부터 시켰습니다. 약한 어깨와 팔은 벽에 의지하여 기게 했습니다. 그가 구슬을 구르고 아버지에게 기어가서 잡게 하거나 동전을 바닥에 던지고는 아버지가 약한 쪽 손으로 줍게 하여 손의 힘을 길렀습니다. 또 성한 손으로 냄비를 잡고 약한 손으로 15분 동안 시계방향으로, 그리고 반대방향으로 15분 그 냄비 주위를 돌게 해서 약한 손을 운동시켰습니다. 그 결과 환자는 차츰 좋아져서 자리에 앉아서 사람들과 함께 식사할 수 있게 되었다고 합니다.

이런 식으로 모든 일상적인 활동을 운동으로 전환해서 날마다 여러 시간 훈련시켰는데, 처음에는 실내에서 시작해서 나중에는 정원에서도 했답니다. 그 결과 그의 아버지는 기는 것으로부터 시작해서 두 무릎으

로 움직이는 것으로 발전하고, 다음에는 서게 되고, 마침내 걷게 되었습니다.

훈련방식은 과학적이었습니다. 한 단계 훈련이 끝나면 다음 단계에서는 앞에서 훈련한 것을 대부분 다시 반복하면서 조금씩 확장시켜나간 것입니다.

말 훈련은 아버지가 혼자서 했는데, 3개월이 되자 언어능력이 돌아오고 있다는 증표들이 나타났다고 합니다. 다음에는 타자기 앞에서 키를 두드리는 훈련을 했는데, 중지로 시작해서, 한쪽 팔 전체를 사용해서 키를 두드리고, 이것을 마스터한 다음에는 손목을, 다음에는 손가락을 한 번에 하나씩 사용해서 연습하여, 마침내 정상적으로 타자를 칠 수 있게 되었다고 합니다.

훈련을 시작하고 1년 뒤 (이때 그의 나이는 68세) 그는 건강을 충분히 회복해서 대학으로 다시 돌아가서 강의를 하다가 70세에 은퇴했습니다.

그 후 다른 대학에서 일자리를 얻고, 다시 결혼도 하고, 하이킹도 하고, 여행도 했습니다. 그러다가 어느 날 컬럼비아의 보고타에 있는 친구를 방문하러 가서 등산을 갔다가 해발 9천 피트에서(자신의 건강을 과신했나 봅니다) 심장마비를 일으켜서 얼마 후 72세에 세상을 떠났다고 합니다.

사망 후에 촬영한 그의 뇌 사진을 보고 아들은 무척 놀랐다고 합니다. 왜냐하면 뇌졸중으로 입은 커다란 상처는 전혀 치유되지 않았는데 그는 모든 기능을 회복했기 때문입니다. 대뇌 피질로부터 척추로 이르는 신경 가운데 97%가 파괴되어 있었다고 합니다.

희망의 메시지

1915년에 미국의 심리학자 Shepherd Ivory Franz가 발표한 바에 의하면 20년 동안 마비되었던 환자들이 기능을 회복했다고 합니다.

무엇이 이런 것을 가능하게 하는 것일까요?

첫째, 막대한 손상을 입어도, 나이에 상관없이, 뇌는 자신을 재조직해서 기능을 회복할 능력이 있습니다.
둘째, 이 놀라운 뇌의 능력을 이용하려면 당사자가 건강을 회복하려는 충분한 동기 또는 의지가 있어야 하며,
셋째, 뇌를 자극시키기 위한 적절한 운동이 필요합니다.

각종 사고나 질병 등으로 신체 기능을 잃은 분들이 모두 여기서 희망을 보고 새로운 삶을 개척해나가시길 기원합니다.

뭐든 할 수 있다고 믿으면 할 수 있습니다! 우린 모두 무한한 가능성의 존재이기 때문입니다.

권두(卷頭) 기도

현재의 오탁악세[다섯 가지 부정적인 세상]에 중생들은
공덕[마음속에 쌓아놓은 긍정적인 에너지]이 적어
많은 부정적인 상황[곤경]에 직면해야 하네.

우리들은 진지하게 기도하여 우리들이 사는 곳이
세상의 이익과 기쁨의 원천이 돼야 하네.
                                    -제3대 달라이 라마

하늘의 왕좌에 자리 잡고 무수한 광선을
내뿜는 태양처럼
우리가 밝은 사랑의 광선을
모든 중생들에게 비춰준다면 얼마나 좋으랴.

허공에서 높이 유연하게 나는
새들의 왕 독수리처럼
우리들의 마음이 맑고 공(空)한 진리 자체의 공간에서
유연하게 날며 집착하지 않는다면 얼마나 좋으랴.
                                    -제7대 달라이 라마

밝은 마음(지혜), 긍정적인 마음(사랑)이 행복이고
어두운 마음(무지), 부정적인 마음(미움)이 괴로움입니다.

오, 자비로운 불보살님들이시여,
어디로 눈을 돌리든 보이는 것은 고통 받는 은혜로운
어머니 중생들뿐이니, 그들의 고통이 모두 저희들에게서
익게 하소서. 그리고 저희가 이 세상 모든 괴로움을
치유할 수 있게 인도하소서! 특히 꿈을 잃은 수많은
젊은이들을 저희가 도울 수 있게 이끌어주소서.

(시간 날 때마다 지극한 정성으로 이런 기도문을 낭송하면 마음과 몸이 밝아지고
맑아집니다.)

이젠 자살에 대한 모든 환상에서 깨어나야 합니다!

지금 당신의 삶이 아무리 고달프더라도 이 세상에는 당신보다 훨씬 더 어렵게 살아가는 분들이 무수히 많습니다. 게다가, 지옥중생들이 겪는 고통에 비하면 당신이 인간으로서 겪는 고통은 한없는 축복이나 다름없습니다.

더욱이, 만일 당신이 경험하는 어려움에 대해 불평하는 대신에 마음을 수련할 좋은 기회로 삼고 열심히 긍정적인 마음을 기르고 부정적인 마음과 악업을 정화해나가면 금생에서도 큰 성공과 행복을 성취할 수 있을 뿐만 아니라 다음 생에는 더욱더 행복하고 훌륭한 사람으로 다시 태어날 것입니다.

그러나 만일 당신이 모든 것을 포기하고 자살을 택하면 당신은 거의 틀림없이 지옥에서 다시 태어날 것입니다. 가장 무섭지 않은 지옥에서 수명이 90억년이나 되고 거기에서 벗어난다고 해도 인간으로 태어나려면 얼마나 더 많은 시간을 기다려야 할지 모릅니다. 인생의 소중함에 대해 날마다 생각하고 또 생각해 보셔야 합니다. 고마워서 한없이 눈물이 날 때까지.

우리는 모두 불성(佛性)을 갖고 있으므로 언젠가는 우린 모두 세상에서 가장 고귀하고 행복한 사람, 붓다가 된답니다.

사는 게 너무 힘들다고 생각하는 분들에게 권하고 싶은 책이 있습니다. 빅터 이. 프랭클(Viktor E. Frankl)의 『삶의 의미를 찾아서』 (Man's Search for Meaning)입니다. 좀 힘들더라도 시간이 지나면 모든 것은 저절로 해결됩니다. 포기하지 마세요!

이 세상에서 가장 소중한 당신 자신과 당신이 사랑하는 모든 분들에게 한 번 더 기회를 주세요.

모든 것은 끊임없이 변하므로 우리들 앞에는 언제나 새로운 세계와 새로운 가능성이 펼쳐집니다. (많은 분들이 여기서 새로운 희망을 발견하소서!)

✲

우리가 인생을 단 한 순간도 낭비할 수 없는 것은 악도로 이르는 길을 미리 막아야 하기 때문입니다.

"삼선도(천상계, 수라계, 인간계)로부터 삼선도로 다시 태어나거나, 삼악도(축생계, 아귀계, 지옥계)로부터 삼선도로 다시 태어나는 중생들의 수가 손톱 하나 표면의 먼지 입자 수만큼 된다고 가정할 때, 삼선도로부터 삼악도로 떨어지는 중생들의 수는 지구 표면의 먼지 입자 수만큼 많습니다.

삼선도에서 삼악도로 가는 중생의 수 > 삼선도 → 삼선도 / 삼악도 → 삼선도(로 가는 중생의 수)

더구나, 동물로 다시 태어나는 중생들의 수가 맥주 한 통 발효에 필요한 밀알 수만큼 된다고 가정할 때, 아귀로 태어나는 중생들의 수는 심한 눈보라 속의 눈송이 수만큼 되고, 지옥에 태어나는 중생들의 수는 지구 표면의 먼지 입자 수만큼 많습니다."

지옥중생으로 태어나는 수 > 아귀로 ~ 수 > 동물로 ~ 수

이것은 대부분의 사람들은 다음 생에 지옥중생으로, 다음으로 많은 분들이 아귀로 태어나며, 동물로 태어나는 분들은 가장 적다는 얘깁니다. 또한 이것은 삼선도에 대해서도 마찬가지입니다.

대자대비 관세음의 6자 진언("옴 마니 반메 훔": 소리로 나타나신 관세음)을 한번만 낭송해도 붓다의 가르침 전부를 낭송하는 것과 같고, 이걸 낭송하면 악도에서 다시 태어날 가능성이 확고하게 차단된답니다.
당신에게 들리는 모든 소리를 이 진언으로 인식하면 당신이 받을 축복은 엄청날 것이며 나중에 죽은 뒤에 중음계(bardo)에서 무서운 소리를 들어도 아무 공포도 느끼지 않게 된답니다.

(인생에서 가장 시급하고 중요한 것은 죽음에 대한 준비입니다. 아직 준비를 못하신 분들은 김영로의 『죽음수업』을 보시기 바랍니다.)

인생은 희귀하고 고귀하나
죽음에 대한 생각을 하지 않으면
인생을 물질적인 것에 낭비하네.
언제나 죽음에 대한 준비를 하게.

-제7대 달라이 라마

내생준비자료: 열 가지 불선업(不善業=惡業악업)과 과보

지금 세상에는 사람 같지 않게 살아가는 사람들이 너무 많아, 그들의 다음 생이 정말 염려스럽습니다.

몸(身신)으로 짓는 세 가지 악업과 과보
- 살생 (← 미움) → 사후에 지옥중생으로 다시 태어남
- 투도 (도둑질 ← 탐애) → 아귀로 다시 태어남
- 사음 (그릇된 성행위 ← 탐애) → 아귀로 다시 태어남

말(口구)로 짓는 네 가지 악업과 과보
- 망어 (거짓말 ← 어리석음) → 축생으로 다시 태어남
- 양설 (이간질하는 말 ← 미움) → 지옥중생
- 악구 (험한 말 ← 미움) → 지옥중생
- 기어 (쓸데없는 말, 잡담 ← 어리석음) → 축생

뜻(意의)으로 짓는 세 가지 악업과 과보
- 탐애 (탐욕, 애착) → 아귀로 다시 태어남
- 진에 (성냄, 미움) → 지옥중생
- 치암 (어리석음, 그릇된 견해) → 축생으로 다시 태어남

높은 가르침에 의하면 가장 작은 곤충까지도 해치지 말고, 그들에게 추호의 악의도 갖지 말며, 동물들이 가진 것들조차 훔치지 말라고 합니다. 모두가 우리들의 가족이고, 미래에 성인(聖人)이 될 테니까요.

가끔 주위를 둘러보고 우리들 중에서 얼마나 많은 사람들이 다음 생에 악도로 떨어지고 과연 몇 사람이나 선도로 갈지 생각해보세요. 그리고 자기 자신은 어떻게 될지? 정신이 번쩍 들 때까지 생각해보셔야 합니다. 탐, 진, 치로부터 벗어나지 않는 한, 악도를 면하기 어렵답니다.

제8대 달라이 라마의 '명상수행 기도문' [발췌]

나모 구루[스승님께 귀의합니다].
남성과 여성 에너지가 조화를 이루고
모든 부처님들의 자비이신 관세음의 화현께서
수행자들의 필요에 따라 나타나시네.

태고 때부터 업과 망상에 이끌리어 3계를 헤매며
큰 고통 겪어왔고 지금도 온 세상에 대한 탐착에
사로잡혀있사오니 가장 낮은 지옥에서의 재탄생으로
떨어지고 있는 제게 자비를 보여주소서 …

이 소중한 인간의 몸은 온갖 아름다움 갖춘 장엄이니
깨닫게 하소서, 이것은 너무도 소중하고 얻기 어려우며
잃기 쉬우니 이생의 피상적인 것들에게 마음 뺏기지 말고
항상 노력하여 인생의 내적 핵심[깨달음] 끌어내게 하소서.

몸과 소유물, 소중한 친구들과 사랑하는 이들조차
꿈속의 대상들과 같은 환영(幻影)이니
어떻게 이들이 무상하고 환영인지에 대한 인식 유지하고,
마치 죽음의 문턱에 있는 것처럼 항상 살아가게 하소서.

가장 견디기 어려운 [윤회하는] 3계[욕계, 색계, 무색계]의
고통을 두려워하는 마음 일으키고,
인과법이 작용하는 방식을 파악하도록 영감을 주시어,
더 낮은 환생으로부터 영원히 자유를 얻게 하소서.

가장 높은 천상으로부터 가장 낮은 지옥까지
3계 어디에서 우리가 헤매든지 만연한 불만족[行苦행고]만

겪게 되니 이 모두 초월하여 해탈과
마음의 기쁨의 튼튼한 땅 얻도록 하소서.

※

세 가지 수준의 죽음을 초월하여 무한한 기쁨으로 가는 길

어느 세속적으로 성공한 분은 영원히 살겠다는 희망으로 각종 영양제 등을 복용하고 있다고 합니다. 그보다 훨씬 더 성공한 또 한 분(구글의 공동 창업자 래리 페이지, Google co-founder Larry Page)은 이보다 한 걸음 더 나아가 죽음을 아예 없애버리겠다고 합니다. 이것은 세상 사람들이 얼마나 무지하고 오만한지 잘 보여줍니다. (신체적인) 죽음은 제거할 수 있는 것이 아닙니다. 그건 삶의 한 과정이기 때문입니다.

라마 글렌에 의하면 우리가 극복해야 할 죽음에는 세 종류가 있다고 합니다.

첫째, 외적인 죽음. 이것은 사고나 질병으로 일찍 죽거나, 무의미하거나 헛되이 삶으로써 서서히 죽어가는, 성공하지 못한 삶에 의한 죽음을 가리킵니다. 이것에 대한 해결책은 언제나 깨어있는 삶을 통해 사고나 질병을 예방하여, 의미 있고 보람 있게, 성공적으로 살아가도록 최선을 다하는 것입니다.

둘째는 내적인 죽음인데, 이것은 번뇌(혹은 미혹) 때문에 자신의 본성에 충실하게 살아가지 못하는 것을 가리킵니다. 예를 들어, 탐욕(탐)에 갇혀있는 사람들은 탐욕에서 벗어난 사람들이 누리는 아름다움과 기쁨을 맛보지 못하니 이런 면에서 그들은 죽은 거나 다름없습니다. 또

화(진)를 잘 내는 분들은 참된 사랑의 축복을 경험하지 못합니다. 그리고 무지(치)한 사람들은 밝은 지혜를 성취한 분들이 누리는 한없는 자유와 희열을 모릅니다. 모든 고통의 근원인 미혹(무명)을 제거함으로써 우리는 이런 내적인 죽음 대신에 모든 경험에서 최상의 기쁨을 누릴 수 있습니다.

셋째는 은밀한 죽음으로, 이것은 자기 자신의 불성(佛性), 마음의 본래의 지혜와 몸의 본래의 큰 안락을 모르는 것을 가리킵니다. (이것은 가장 높은 금강승의 가르침입니다.)

이런 관점에서 보면 일반인들은 대부분 이미 죽은 거나 다름없습니다. (이것은 행운아들만이 만날 수 있는 참으로 귀한 가르침입니다.)

※

수행자들로부터 배우는 행복의 비결

모든 허물은 없애고 좋은 점은 기르기 위해 노력하십시오. 그러면 불행은 줄어들고 행복은 증가합니다.

고통의 원인인 악업은 짓지 말고 행복의 원인인 선업은 부지런히 지으며, 행복과 선업의 원천인 마음을 정화하기 위해 노력하십시오.

외부의 부정적인 영향으로부터 항상 자기 자신을 보호하고, 몸과 말, 마음 세 문(三門)이 부정적인 업을 저지르지 않도록 끊임없이 지키십시오.

항상 마음을 잘 보호하고 행복한 상태에 머물게 하는 것이 온갖 악업으로부터 자기 자신을 보호하고 가장 빨리 가장 높은 깨달음으로 이르는 길입니다.

항상 세상에 이익과 기쁨만 주겠다는 생각에 마음을 유지하십시오. 그러면 마음은 언제나 행복으로 넘쳐흐를 것입니다. 우리들의 모든 고통은 자기중심적인 생각으로부터 나오기 때문입니다.

남들을 자기 자신보다 더 중시하십시오. 전체를 위해 노력하는 것은 결국은 자기 자신에게도 최대의 이익을 가져오는 위대한 합일(合一)의 지혜와 사랑을 실천하는 대인(大人), 성인(聖人)의 길입니다.

티베트의 신비한 여성 성취자 예세 쪼겔(Yeshe Tsogyal)은 자신을 강간한 산적 7명의 불성(佛性)에 자신의 마음을 집중함으로써 그들을 모두 훌륭한 수행자로 만들었다고 합니다. 그리고 그릇된 스승에게 속아 무려 999명을 살해한 앙굴리말라(Angulimala)는 마지막 한 명을 죽이려고 가는 길에 부처님을 만난 행운으로 수행하여 아라한의 경지에까지 올랐다고 합니다. 이것이 불성과 깨달은 분들의 힘입니다.

아름다운 7대 달라이 라마의 세계

7대 달라이 라마는 생애의 많은 시간을 그의 가르침을 받기를 원하는 사람들을 위해 바쳤지만, 때때로 며칠이나 몇 주 동안 거처에서 몰래 나와, 신분을 숨긴 채 이리저리 돌아다녔습니다. 이때에 그의 수행원들은 그가 뽀딸라에서 안거에 들어간 것처럼 행동했습니다. 종종 이렇게 달라이 라마는 단순한 여행자 혹은 거지로 가장하여, 공식적인 모임의 자리가 아닌 곳에서, 일상생활 상황의 방편을 통해 사람들에게 가르침을 주었습니다. 7대 달라이 라마의 이런 즉흥적인 외도(外道)에 대해 전해 내려오는 이야기에서 그는 집집마다 자신의 서비스를 팔러 다니는 전문적인 기도문을 읽어주는, 가장 낮은 계급의 승려의 복장을 한 것으로 묘사됩니다. 그는 이 위장 신분으로 일반적인 사람들의 관심사에 대해 많은 것을 배웠으며, 많은 사람들의 삶에 영향을 끼쳤는데, 이들은 이 겸손한 스님의 소박함과 상냥함에 감동받았습니다.

한 가지 기억할만한 이야기는 캄(Kham) 지방에서 유배나 다름없이 지내던 시기에 그가 전문적으로 의례를 주관하는 스님으로 돌아다녔을 때에 대한 것입니다. 한 가난한 농부가 그를 고용하여 하루 동안 자기 집에서 의식을 행하게 했는데, 너무 감명을 받아 저녁 때 그에게 하루 더 있어달라고 간청했습니다. 그날이 끝나자, 그는 또 다시 그에게 더 머물러달라고 간청해서, 이것이 수 주 동안 계속되었습니다. 마침내 이 인내심 많은 스님은 자신이 해야 할 다른 일들이 있어서 더 이상 머물 수가 없다고 말하면서, 이 가난한 농부에게 떠날 수 있게 허락해달라고 애원했습니다. 그가 떠날 때에, 너무도 고마워서 그 농부는 감사의 선물로 순금으로 만든 작은 접시를 드렸습니다. 그는 그것을 자기가 갖고 싶지 않을 뿐만 아니라 또한 그 농부의 감정을 상하게 하고 싶지도 않아서, 그 접시를 농부의 제단 위 몇 개의 물건 뒤에 숨겨놓았습니다. 그가 떠나면서 농부에게 말했습니다. "만약 당신이 라싸로 오시면, 저의 집에 머물러요. 사람들에게 물어서 전문적인 의례주재자 깰상 갸초를 찾으시면 됩니다."

그 떠돌이 스님이 간 뒤, 농부는 숨겨진 접시를 보았습니다. 자신이 승려에게 이미 공양 올린 물건을 갖고 있다는 것에 마음이 불편하여, 그는 들판으로 나가 기도하고 그 접시를 공중으로 휙 던졌습니다. 접시는 곧바로 사라졌습니다. [이것은 7대 달라이 라마가 깨달으신 분이라는 것을 보여줍니다. 이들의 세계에서는 범부들이 믿기 어려운 이런 경이로운 일이 얼마든지 일어날 수 있습니다.]

일 년 뒤에, 농부는 라싸로 성지순례를 가서, 전문적인 의례주재자 깰상 갸초를 찾으려고 물어봤지만, 아무도 그 이름을 몰랐습니다. 농부가 이런 것을 묻고 다닌다는 것이 달라이 라마의 몇몇 수행원들의 귀에 들어가 그에게 보고되었습니다. 7대 달라이 라마는 곧바로 농부를 찾으려고 사람들을 보냈습니다. 곧 농부가 뽀딸라에 도착하여, 그곳에서 그는 즐거운 옛 친구, "전문적인 의례주재자"의 손님으로 한 주를 보냈습니다. 거기에 머무는 동안, 농부는 1년 전에 공중으로 자기가 던졌던 금 접시가 달라이 라마의 불단 위 눈에 잘 띄는 곳에 있는 것을 우연히 보게 되었습니다.

7대 달라이 라마의 저술

7대 달라이 라마의 글은 티베트에서 나온 가장 심오한 깨달음의 저술의 일부로 우뚝 서 있는데, 문체가 쉽고 전달방법이 명료하여 중앙아시아 전역에 걸쳐서 즉각적인 인기를 얻었습니다. 이들의 인기는 250년이 지난 오늘날에도 여전히 강합니다. 그는 그의 시대의 가장 심오한 수행의 스승님들 중의 한 분으로 기억되고 있습니다.

라마 글렌의 해설과 국역자의 작업

이 책은 7대 달라이 라마가 지은 108개의 게송(숫자 다음에 나오는 볼드체 부분)과 이에 대한 라마 글렌의 해설로 구성되어 있습니다. 원전이 보석의 원석이라면 해설은 완성된 보석입니다. 원전을 더욱 빛나게 하고 이해하기 쉽게 만드는 작업이므로 금강승에서는 경전이나 원전보다 논서가 더 중시됩니다. 마지막으로, 국역자가 일부 자료나 말씀을 첨가했습니다([보충]이라고 표시된 부분).

서시(序詩)

(원전) 일념으로 헌신하는 마음으로 절을 올립니다.
언제나 젊은 문수사리(Manjushri) 스승님, 최상의 붓다,
마음의 의사로 모든 중생들의 모든 질병 고쳐주시고
그들에게 행복과 선(善)을 가져다주시며, 자기 자신은
모든 것을 아는 지혜(一切智일체지)로 가득 찬 달(月)로서
윤회세계의 모든 불완전의 허물을 영원히 버리신 분.

(해설) 문수(사리)는 지혜의 보살입니다. 그가 오른 손에 들고 있는 칼은
모든 것이 근본적으로는 독립적으로 존재하지 않는다(공空하다)는
것을 나타내며, 이 깨달음은 자아의 성품(공성)에 관한 무지의 뿌리
자체를 잘라내 줍니다. 그리고 그가 왼손에 들고 있는 책은
이 심오한 깨달음을 불러일으키는 방법들에 대한 지식을 나타냅니다.

그가 "언제나 젊은이"라 불리는 것은 이 지혜를 통해 우리가
영원한 행복을 주는 영원한 지식을 얻기 때문입니다. 이것은
이 지혜를 얻는 사람에게 기쁨에 가득 찬 열성과 16세
젊은이의 활력을 주기 때문에 "언제나 젊은"이라 불립니다. 그가
또 "최상의 붓다"라 불리는 것은 이 지혜가 최상의 해탈을 가져
오기 때문입니다.

그가 모든 중생들에게 만병통치약과 같은 역할을 하는 것은 이
지혜가 마음의 고뇌를 고쳐주고, 조건들이 모여 이루어진 모든
존재의 고통을 치유해주기 때문입니다. 이것을 만병통치약이라
부르는 것은 이 치유가 우리들의 삶의 모든 영역에 미치고, 모든
세속과 수행의 문제에서 자아를 초월하는 지혜의 이익을 주기 때문
입니다.

문수보살에게 이 글을 바침으로써, 제7대 달라이 라마가 보여주는
것은 이 글에서 그가 강조하는 것이 깨달음의 지혜라는 것입니다.

(보충) **서시의 요점: 수행자료**

1 일념으로 헌신하는 마음은, 주어진 대상에 완전히 집중된
   마음으로, 기도나 수행 등을 할 때 가장 큰 효과를 가져 옵니다.

2 깨달음 = 모든 것의 심오한 성품(空性공성)에 대한 깨달음

   모든 것은 다른 것들에 의존해서 존재할 뿐이므로
   아무것도 독립적으로 존재하지 않는다(空공하다)는 깨달음.
   (모든 것이 모든 다른 것들에 의존해서 존재한다면 모든 것은
   한 가족이나 다름없습니다. 이 깨달음이 우리들을 모든 것에
   대한 사랑과 수용으로 인도하는 소중한 지혜입니다.)

3 깨달음의 지혜 = 영원한 행복을 주는 영원한 지식

   이 깨달음의 지혜는 시간과 공간의 모든 제약으로부터 벗어
   나게 하므로 시간적으로 영원한 자유와 공간적으로 무한한
   기쁨을 줍니다.

4 조건들이 모여 이루어진 것들은 다른 요소들(원인과 조건)에
   따라 끊임없이 변합니다, 우리들의 조건 지어진 존재(conditioned
   existence, 윤회하는 삶)처럼.

5 (가짜) 자아를 초월하는 지혜 = 만병통치약

   우리들이 겪는 모든 고통은 자아가 실제로 존재한다는 믿음,
   즉 아집(我執)으로부터 나옵니다. 그러므로 자아는 단지 존재하는
   것처럼 보일 뿐이고, 실제로, 독립적으로 존재하지 않는다는 것을
   깨닫는 것 - 이것이 모든 고통에서 벗어나는 길입니다. '자아'라는
   것은 우리들의 마음속에 하나의 '개념'으로만 존재할 뿐입니다.
   이것이 우리들의 자아의 정체입니다.

(보충) 세계의 두 차원(수준): 양면의 지혜와 중도의 지혜 기르기

표면: 상대적인 현실 = 세속적인 진리 = 외양(色) = 다양성
 (diversity) → 넓은 안목

핵심: 절대적인 현실 = 궁극적인 진리 = 본성(空) = 통일성
 (unity) → 깊은 안목

우리들이 거주하는 세계가 이와 같이 양면이 있으므로 우리들에게는 이들을 함께 볼 수 있는 지혜가 필요합니다.

다양성에 대한 지식은 다양한 모든 것을 수용하고 사랑하게 인도해 주고, 통일성(空性공성)은 일체의 차별과 집착, 속박에서 벗어나 한없는 자유와 안락을 누릴 수 있게 해줍니다.

절대적인 것(the absolute)과 상대적인 것(the relative)이 함께 존재한다는 것을 이해하는 것이 (바른) 견해(the view)입니다.

따라서 존재와 인과법칙을 부정하는 단견(斷見, nihilism)이나, 자아나 영혼이 독립적으로 존재한다고 믿는 상견(常見, eternalism)은 그릇된 견해입니다.

대성취자(Mahasiddha) 뷔루빠(Virupa)는 이렇게 노래했습니다,

"존재하는 것을 의식적으로 경험함으로써 단견이란 지옥에서 벗어났고, 절대로 집착하지 않음으로써 상견이란 천국으로부터 벗어났네."

불교는 지옥도 천국도 극단으로 보며 중도를 최상으로 여깁니다. 왜냐하면 이것이 가장 안정되고 따라서 편안한 상태이기 때문입니다.

(이 페이지와 다음 두 페이지만 이해하면 불교의 핵심은 잡은 겁니다.)

(보충) **상견과 단견**

"그것이 존재한다"고 말하는 것이 상견(常見)이요,
"그것이 존재하지 않는다"고 말하는 것이 단견이다.
그러므로 지자(智者)는 존재(有), 상견에도 비존재(無), 단견에도
머무르지 말아야 한다. -나가르주나

(보충) **단견이 상견보다 더 어리석은 이유**

누구든지 세계가 실재한다고 생각(상견)하는 사람은 황소처럼 어리석다. 누구든지 그것이 실재하지 않는다고 생각(단견)하는 사람은 더욱더 어리석다 (왜냐하면 상대적인 차원에서 이것은 원인과 결과의 법칙, 다시 말해, 까르마에 어긋나기 때문이다).   -사라하(Saraha)

상견을 믿는 사람은 선도(善道)로 가나, 단견을 믿는 사람은 악도(惡道)로 간다.   -보만론(The precious Jewel Garland)

상견을 믿는 사람은 구제가 가능하나,
단견을 믿는 사람은 구제가 불가능하다고 합니다.

(보충) **바른 공관空觀(the correct view of emptiness)**

"바른 공관은 두 극단을 피하므로 공성은 '중도'(the middle way)라 불린다. 바른 공관이 단견을 피하는 것은 세속적인 현상의 존재를 인정하기 때문이고, 상견을 피하는 것은 고유하고, 독립적인 존재의 모든 흔적들을 철저히 부정하기 때문이다."

(보충) **1대 달라이라마의 공성(空性)에 대한 가르침**

- 만약 사물에 자성(自性, 독립적인 성품)이 있다면 모든 것은 시간 속에 얼어붙을 것입니다. 그들은 다른 것들과 상호작용할 수 없거나 원인과 결과로 작용하지 못할 것입니다.

- 만일 그대가 모든 것이 고유하게(독립적으로) 존재한다고 주장하면, 거기에서 따라 나오는 결론은 모든 것에는 원인(因人)도 조건(緣연)도 없다고 그대는 생각하는 것입니다. 왜냐하면 만일 모든 것이 고유하게 존재한다고 그대가 주장하면, 그 견해가 원인도 조건도 없다는 결론으로 인도하기 때문입니다. 그렇게 되면, 그대는 또한 원인과 결과, 행위자와 행위, 생성과 소멸, 성취의 기능을 부정하는 것입니다.

- 공의 교리는 모든 것이 둘이 아니라는 가르침입니다. 그러나 나가르주나(Nagarjuna)가 지적했듯이, 이것은 불교가 더움과 추움, 행복과 슬픔, 즐거움과 괴로움, 긴 것과 짧은 것, 이것과 저것 등이 있다는 것을 부정한다는 것을 뜻하지 않습니다. 오히려 이것은 모든 것의 상대성을 강조합니다. 더운 것은 그렇게 덥지 않은 어떤 것과 비교 할 때만 가능할 뿐입니다. 이것은 우리가 손가락을 끓는 물에 넣었을 때 데지 않는다는 것을 의미하는 것이 아닙니다. 그와 반대로, 모든 것들의 상대성 때문에, 그리고 고유한 고정적인 본성이 없기 때문에, 손가락은 끓는 물에 의해 화상을 입습니다. 마찬가지로, 모든 것은 다른 것과의 관계 속에서만 존재하고, 최종적으로는 이름과 이름표[개념]일 뿐입니다.

- 공의 교리는 모든 것이 진실로 존재(實在실재)한다는 집착 또는 믿음을 제거하기 위한 것입니다.

- 진리의 두 가지 차원의 교리는 한 가지 목적을 갖습니다. 만일 세속적인 진리에 의존하지 않으면, 우리는 궁극적인 진리를 이해할 수 없고, 궁극적인 진리를 인식할 때까지, 열반(해탈)은 성취할 수 없습니다.

마술사가 둘이 되듯이
제7대 달라이 라마가 둘이 되어
질문자와 응답자로 나타나서
이 귀중한 보석 염주를 만듭니다.

　모든 티베트의 저작물 첫 머리에는 "저작의 약속"으로 알려져 있는 글을 여는 인사말이 나옵니다. 다시 말해, 저자는 자기가 무엇에 관해 저술할 의도인지 알립니다. 이것은 초기의 불교 스승들에 의해 확립되어 그 뒤에 모두가 지켜온 전통입니다.

　여기서 7대 달라이 라마는 자기 자신을 둘로 나누어 한 부분은 질문자로 다른 부분은 응답자로 역할을 수행합니다. 이들은 함께 "귀중한 보석 염주를 만들" 것입니다. 이것은 이들이 깨달음의 길에 대해 논의하겠다는 것을 의미합니다. 이것은 깨달음의 지식을 위한 "귀중한 보석염주"인데, 이것은 인간이 얻을 수 있는 가장 귀중한 것입니다.

　"귀중한 보석염주"라는 표현을 사용함으로써, 7대 달라이 라마가 들어내는 것은 그가 받은 영감의 근원들 가운데 하나가 2세기의 인도의 스승 나가르주나(Nagarjuna)라는 것입니다. 나가르주나의 『寶行王正論보행왕정론, *Ratnavali, Garland of Jewels or Rosary of Precious Gems*, 귀중한 보석염주』는 지난 여러 세기에 걸쳐 티베트인들에게 위대한 고전으로 남아있으며, 현 달라이 라마 성하께서는 나가르주나의 이 논전을 여러 번 공개적으로 가르쳐오셨습니다.

1

무엇이 영원히 떠나기에
가장 어려운 바다입니까?
그것은 고통의 파도에 흔들리는 윤회하는 중생들의
세 가지 세계[삼계三界: 욕계, 색계, 무색계]입니다.

"윤회하는 중생들의 세 가지 세계"가 가리키는 것은 못 깨달은 삶의 세 가지 차원인 감각(또는 욕망)의 세계, 색色(형체)의 세계와 형체가 없는(無色무색) 세계입니다. 이들 세계는 물론 깨닫지 못한 세계일뿐이므로 깨닫지 못한 중생들이 경험하는 세계입니다. 이들은 흔히 집단적으로 [윤회하는] "삶의 바퀴"라 불립니다, 왜냐하면 중생들은 한 생으로부터 다음 생으로 윤회하기 때문입니다, 삶의 교훈을 익혀 깨달음을 성취할 때까지 말입니다.

이들 중 첫째는 여섯 가지 재탄생(六道육도))의 세계로 지옥계, 아귀계, 축생계, 인간계, 수라계, 감각 신(天神천신)들의 세계입니다. 이들 하나하나와 연관된 것은 여섯 가지 근본 미혹 혹은 번뇌입니다. 이들은 각각 탐욕(貪탐)과 분노(瞋진), 어리석음(癡치)과 오만(慢만), 의심(疑의)과 그릇된 견해 (惡見악견)입니다.
이들 여섯 세계 위에는 색계의 17개 신(神)들의 세계가 있는데, 이들은 17개 선정의 세계에 비유되고, 이들 위에는 네 개의 무색계 신들의 세계가 있으며, 이들은 형체가 없는 선정의 네 단계(四禪定사선정)에 비유됩니다. 높은 수행자이지만 지혜의 핵심에 도달하지 못한 분들이 여기에 다시 태어납니다.

비유적으로 이들 감각계의 여섯 세계가 나타내는 것은 여섯 왜곡(歪曲)된 마음 상태(번뇌)로부터 결과하는 윤회의 과정이고, 색계 수준의 신들이 나타내는 것은 정신적인 활동은 심오하지만 자아의 성품에 대해 오해하며, 무색계는 드높은 섬세한 마음 상태이나 가장 높은 지혜의 결실에 도달하지 못한 상태입니다.

(보충) **왜곡은 자연(본성)에 어긋나므로 부정적인 결과(고통)를 가져옵니다.**

마음의 부정적인 상태인 성냄, 탐욕, 질투 등은 본성이 아니라 왜곡(잘못 사용)된 마음입니다.

그러므로 우린 항상 밝게 맑게 깨어있으면서 마음을 바로 사용하고 마음의 자연 상태(본성)인 밝음(지혜)과 사랑(자비)에 머물도록 노력해야 합니다. 이것이 바로 가장 큰 행복의 비결입니다!

2

무엇이 우리들을 세속적인 세계의 불쾌한 환경에
묶어주는 강력한 접착제입니까?
세상의 유혹적인 것들을 탐내 거기에
매달리는 감각적인 집착, 탐착(탐)입니다.

이 게송과 그 다음 네 게송이 다루는 것은 다섯 가지 번뇌, 또는 마음의 "광적인 어둠들"인데, 이것들은 정서적, 인지적 왜곡(歪曲=장애)으로서 윤회적인 행동의 뿌리이며 모든 불행과 고통의 근원입니다. 이들 번뇌 중 첫째는 탐착(탐)입니다. 이것은 다섯 가지 감각의 대상들을 보며 끈적끈적하게 매달리는 마음상태입니다.

부처님 말씀에 의하면 감각적인 집착이 [윤회세계에] 가장 널리 퍼져있는 고통(行苦행고)의 원인이라고 합니다. 이런 집착 때문에 사람은 행복이 집착의 대상이나 상황에 좌우되는 마음상태에 들어갑니다. 그런 사람은 그 대상과 관련해 스트레스와 불안을 경험합니다.
그러면 전반적인 불만감이 시작되어, 그는 이 욕구를 만족시키기 위한 행동을 취함으로써, 그걸 위협하는 것처럼 보이는 사람들을 해치고, 그걸 강화하는 것처럼 보이는 사람들을 조종합니다.

부처님의 말씀에 의하면 감각적인 집착은 마치 한 장의 종이 중심에 놓인 기름 한 방울과 같습니다. 이 기름은 천천히 종이 위에 퍼져나가 마침내 종이 전체에 퍼집니다. 마찬가지로, 만일 우리가 우리들의 감각적인 중독을 견제하지 않으면, 그것은 곧 우리들의 관심을 지배하고, 우리들이 중시하는 것들이 스스로를 파괴하는 변화를 우리가 중시하는 것에 가져옵니다.

또 그의 하나의 게송에서 7대 달라이 라마가 언급하는 것은 감각적인 집착을 충족시켜줌으로써 얻는 만족인데, 이것은 "작은 이익을 위한 큰 손해"입니다. [이것은 이익보다 손해가 큰 감각적인 욕망을 추구하지 말고, 깨달음이라는 위대한 수행의 목적을 추구하라는 충고입니다.]

(보충) 세속의 일들이 주는 작은 즐거움을 포기함으로써
커다란 기쁨(열반)을 확실히 얻을 수 있다면
지혜로운 이들은 틀림없이 작은 즐거움을
버릴 것이다.   -법구경

3

우리가 남들에게 너무 가까이 다가갈 때
이글이글 뜨겁게 타오르는 큰 불은 무엇입니까?
그것은 가장 작은 문제조차
견디지 못하는 무서운 분노(진)입니다.

두 번째 근본 번뇌는 분노입니다. 감각적인 집착이 가장 널리 퍼져 있는 사람의 행복의 파괴자일 가능성이 있으나, 분노는 가장 직접적인 것입니다. 우리는 분노와 행복을 같은 순간에 경험할 수 없습니다. 분노의 열기가 일어나면, 행복의 물은 즉각적으로 증발합니다. 분노 자체가 일종의 마음의 아픔입니다.

분노의 결과로 세상은 온갖 해로운 활동을 합니다. 분노가 마음을 지배하면, 상식과 지혜는 더 이상 작용하지 않습니다. 그래서 그런 사람은 어리석은 짓을 하고, 뭐든 가까이 있는 것에 주먹을 휘두르고, 그리하여 자기 자신과 남들의 행복을 파괴합니다.

위대한 인도의 스승 샨띠데와(Shantideva)에 의하면, "분노만큼 강한 악업이 없고, 분노하지 않는 것만큼 중요한 수행은 없습니다." 그리고 또, "분노가 진짜 적이라는 것을 이해하고 그걸 극복하기 위해 끈질기게 노력하고, 적들이 밖에 있다고 생각하지 않는 사람은 금생과 내생 어디서나 행복을 얻습니다."

딴뜨라 불교에서, 분노는 크라운 차끄라 (즉, 뇌) 내의 화학물질의 활동과 연관이 있다고 합니다. 우리가 화가 일어나게 허용할 때마다 우리는 뇌로부터 유독한 화학적인 물질이 혈관 속으로, 그리고, 그리하여 전체 몸 속으로 보냅니다. 곧 이들 화학물질의 방출이 습관이 됩니다. 자기 자신의 의식의 상태가 깊이 손상을 입을 뿐만 아니라, 또한 이들은 수많은 신체적인 질병을 일으킵니다. 다시 말해, 섬세한 마음을 해칠뿐만 아니라, 분노는 우리들의 건강을 해칩니다.

(보충)　**우리가 사는 세계를 결정하는 것은
　　　　바로 우리들 자신의 마음의 상태**

라마 글렌께서 말씀하셨듯이, 비록 우리가 낙원이 아닌 곳에 살더라도 우리들의 마음이 낙원의 마음이면 우리는 낙원에 사는 거나 마찬가지 입니다.

(보충)　**같은 에너지는 같은 파동의 에너지를 끌게 마련**

마음이 사랑으로 가득한 사람 주위에는 같은 종류의 사람들이 모여들게 마련이고, 미움으로 가득한 사람들 주의에는 마찬가지 종류의 사람들이 모여들게 마련입니다.

그래서 마음속에 분노를 많이 지니고 다니는 사람들은 화를 잘 내는 다른 사람들로부터, 흔히 드러난 분명한 이유는 없지만, 말로나 신체적으로도 공격을 받을 가능성이 더 많다고 합니다.

(보충)　**더 나은 선택, 더 나은 길, 더 큰 행복**

잊지 마십시오. 매순간은 더 나은 선택을 할 수 있는 한 번밖에 없는 너무도 소중한 기회라는 것을!
놓쳐버린 무수한 기회를 생각하며 다짐하십시오.
이젠 더 이상 분노 때문에 사랑할 기회를 놓치지 않겠다고.

(주의) 미혹한 분노(deluded anger)는 번뇌지만 긍정적인 목적을 위해 우리가 일부러 일으키는 분노는 지혜의 방편이지 번뇌가 아닙니다. 지혜로운 분들에게는 부정적인 것들도 귀중한 자원으로 이용됩니다.

4

> 우리들의 눈 바로 앞에서 진실을 가리는
> 짙은 어둠은 무엇입니까?
> 그것은 무시(無始)이래로 존재해온
> 무지無知(치)입니다.

여기 무지는 구체적으로 자아의 성품(공성)에 대한 오해를 가리킵니다. 모든 다른 문제들은 자아의 성품을 이해하지 못하기 때문에 일어납니다.

이런 점에서 "자아"는 두 면을 갖고 있는데, 그것은 자기 자신의 존재의 흐름의 가장 깊은 성품(我空아공)과 모든 다른 현상들의 가장 깊은 성품(法空법공)입니다. 정서적, 인지적 왜곡들과 함께 이들로부터 나오는 고통을 초월하려면, 우리는 자기와 현상들의 궁극적인 성품(공성)을 이해하는 심오한 지혜를 불러일으켜야 합니다.

붓다는 이들 궁극적인 성품을 가리키기 위해 아나뜨마(anatma), "무아"라는 말을 사용했습니다. 그는 또 슈냐따(shunyata)라는 말도 사용했는데, 이것은 공성(空性)을 의미합니다.

3세기의 인도의 스승 찬드라끼르띠(Chandrakirti)는 공성의 지혜는 우리들을 깨달음으로 인도하는 눈과 같고, 모든 다른 수행들은 다리와 같다고 했습니다. 튼튼한 다리와 맑은 눈으로 우리는 깨달음으로 신속하고 안전하게 여행할 수 있습니다. 여기에 대해서는 게송 107에서도 볼 수 있습니다.

7대 달라이 라마에 의하면, "[바른] 견해의 대상(즉, 공성)은 조건들에 의해 인위적이 되지 않고, 본질적으로 불변하며, 성품상 원초적이고, 선과 악을 넘어있으며, 모든 것에 퍼져있고, 모든 것의 궁극적인 성품이며, 본질의 본질입니다. 이것을 이해하면, 우리는 혼란(미혹, 무지)의 한계를 초월합니다."

(보충) 깨닫지 못한 일반인(凡夫범부)들의 세계에는 바른 견해가 없으므로 영원한 행복으로 인도하는 바른 길도 없습니다. 우리가 깨달음의 세계로 관심을 돌려야 할 이유가 바로 여기에 있습니다.

(보충) **지식의 네 가지 수준**

1 현상적 지식: 존재(有유)와 비존재(無무)라는 개념에 묶여 있고 무생(無生)이라는 개념을 두려워하는 무지하고 어리석은 사람들의 지식. [일반인들의 피상적인 지식]
2 상대적 지식: 분별적인 논리와 상상으로 배열하고 결합하며 분석하는 지식. [철학자들의 이원적인 지식]
3 완전한 지식: 일체가 마음의 현현(顯現)에 불과하다는 것을 깨달은 보살님들의 지식. 이들은 공성(空性)과 무생(無生), 무아(無我)를 이해하며 존재와 비존재, 무생과 무멸(無滅) 등의 이원론(분별)을 완전히 여의고 무아와 무상(無相)을 체득하신 분들입니다. [성인(聖人)들의 합일적인 지식]
4 초월적 지식: 윤회의 세계에서 완전히 벗어난 보살님들과 부처님들의 지식 [모든 것을 초월한 가장 높은 성인들의 지식]

무아 = 공성 → 무생, 무멸(空공한 것은 생도 없고 멸도 없음).
무상無相(공한 것, 실재하지 않는 것은 모양, 특색도 없음)

2는 그럴듯해 보이지만 1과 마찬가지로 불완전한 지식이므로 우리들을 진정한 행복으로 인도해줄 수 없습니다. 3과 4의 지식만이 우리들을 완전한 깨달음과 진정한 행복으로 이끌어줄 수 있습니다. 그러므로 우리들이 스승님들로 모셔야 할 분들은 모두 3과 4의 지식을 터득하신 분들과 그들의 제자들뿐입니다. 3과 4에 속하는 책들은 이 세상에 나와 있는 전체의 책들 중에 아마 수억 분의 1에도 미치지 못할 것 같습니다. 그러니 이런 귀한 책들을 만나는 것은 보통 행운이 아닙니다! 허나 이 행운은 각자 자신이 만드는 것임을 잊지 마십시오.

(보충) **무생(無生)의 탄생**

이 합일수행자[나]는 마음의 근거와 뿌리 자르네.
이원적인 생각(분별)은 바다의 파도와 같네.
이들은 발생하지만, 실체는 공(空)하네.
얼마나 기쁜가, 이 무생의 탄생이!

-응외톱 걜첸(Ngötrup Gyaltsen)

공이 있어 온갖 현상(色색)들이 발생하고 소멸하므로 공은 너무도 고마운 존재입니다. 공이 없는 세계는 모든 것이 고정된 죽은 세계일 것입니다. 공이 없으면 삶도 죽음도, 변화도 성장도, 해탈도 성불도 불가능합니다. 아니, 이런 세계에는 가능한 것이 아무것도 없습니다.

5

우리가 올라가는 산으로부터 우리들을 던져버리는
사나운 말(馬)은 무엇입니까?
그것은 자기 자신을 우월하다고 생각하고
자기 자신의 장점에 대해 생각하는 자만(만)입니다.

다섯 근본 번뇌의 넷째는 자만입니다. 우리는 힘과 재능으로 인생의 산을 오르나, 자만은 이들 자질 자체를 부정적으로 만듭니다. 모든 종류의 자만 중에서 수행의 성취로부터 일어나는 자만이 최악의 자만입니다.

다섯 번뇌 중에서 첫 셋은 "마음의 세 가지 독(三毒삼독: 탐, 진, 치)"으로 알려져 있는데, 그것은 이들이 우리들의 삶을 매우 직접적으로 그리고 즉각적으로 유독하게 만들기 때문입니다. 자만은 약간 더 섬세한 것입니다. 이것은 긍정적인 자질로부터 일어나는 부정적인 자질입니다. 예를 들어, 우리는 총명할 수 있으나, 만일 우리가 이 사실에 자만한다면 우리의 총명은 헛된 것이 됩니다. 우리는 신체적으로 튼튼할 수 있으나, 우리들의 힘에 대한 자만은 비웃음을 불러일으킬 뿐입니다. 그리고 우리는 우리들의 수행적인 배움과 노력에 대해 자랑스럽게 여길 수 있으나, 자만은 그 이득이 엉뚱한 곳으로 가게 만듭니다. 그것은 그것의 전체 힘에서 좋은 점을 빼앗고 그 좋은 점이 우리들을 성숙하게 하는 방법을 왜곡(歪曲)합니다.

1대 달라이 라마의 스승, 쫑카빠(Tsongkhapa) 대사는 좋은 점은 우리들을 들어 올려 평범함을 넘어 가게 해주는 받침대와 같다고 했습니다. 자만은 그 받침대 위에서의 우리들의 움직임을 흔들리게 하여 자기 자신과 남들을 위험하게 만듭니다.

(보충)　**소인(小人)의 길, 대인(大人)의 길**

　　　　오만은 천사를 악마로 바꿔놓고
　　　　겸손은 사람을 천사로 만듭니다.　　-성 어거스틴(Saint Augustine)

(보충)　**진실로 아름답게 행복하게 사는 길!**

　　　　주님은 위대하시지만 스스로 작아지셨습니다.
　　　　주님은 부유하시지만 스스로 가난해지셨습니다.
　　　　주님은 전능하시지만 스스로 연약해지셨습니다.
　　　　　　　　　　　　-프란체스코 교황(Pope Francis)

　　　　제가 남들과 함께 있을 때마다
　　　　저 자신을 모든 이들 가운데 가장 낮은 사람으로 보고
　　　　[깨달음을 얻으려는] 완전한 의도[보리심]를 갖고,
　　　　남들을 최상으로 귀하게 여기게 하소서.
　　　　　　　　　　　　-랑리 땅빠(Langri Tangpa)

(보충)　**어느 성공한 창업자의 충고**

　　　　직업생활 초기에 전문가들이나 탁월한 업적을 내는 사람들이 있는 방에서 당신 자신을 가장 둔한 사람으로 간주하십시오. 다음에는 에고(ego)를 버리고, 부지런히 노력하며, 상사들로부터 배우십시오. 충분히 다양한 다른 분야에서 이것을 반복하십시오. 그러면 당신은 창업할 준비가 잘 되어 있을 겁니다.

6

> 짓궂게 우리들을 비방하여 우리들로 하여금 가까운 친구들과 헤어지게 만드는 것은 누구입니까?
> 그것은 남들의 기쁨이나 성공을 견디지 못하는 고통스러운 질투(질)입니다.

다섯 번뇌의 다섯 째는 질투입니다. 자만과 같이, 이것 역시 좋은 자질들로부터 일어납니다. 그러나 자만이 자기 자신의 힘이나 재능에 대한 지나친 반작용으로부터 일어나는 반면에, 질투는 남들의 힘이나 재능에 대한 오해로부터 일어납니다.

7대 달라이 라마가 이것을 짓궂은 비방자라고 부르는 것은 비방자가 중생들 사이에 거리와 적대감, 불신을 낳듯이, 질투는 자기 자신과 자기가 찬양하는 자질들을 가진 사람들 사이에 거리와 적대감, 불신을 가져옵니다. 이것은 우리들로 하여금 "가까운 친구들과 헤어지게" 합니다. 왜냐하면 우리는 좋은 점들을 친구들에게서 더 쉽게 보기 때문입니다. 그러나 그 결과로 질투심이 일어나면, 그 좋은 점들의 전반적인 효과가 약해지고 우정을 위험하게 만듭니다.

쫑카빠 대사는 권유합니다, 질투심 대신에 우리는 우리가 남들에게서 보는 좋은 점들로부터 기쁨을 끌어내는 습관을 개발하도록 노력해야 한다고. 우리가 남들에게서 보는 좋은 점이나 상황에 대해 기뻐함으로써, 우리는 우리들 자신이 그걸 갖는 기쁨을 공유하라고 그는 권유했습니다. 우리가 산을 소유하지 않아도, 우리는 그 산에서 자유로이 방해받지 않고 걸어 다닐 수 있습니다. 예를 들어, 남들이 우리들보다 어떤 악기를 더 잘 연주할 수 있습니다. 만일 우리가 이 사실에 대해 기뻐하며 질투하지 않으면, 우리가 그들이 연주하는 것을 들을 때 우리는 그들의 음악을 완전히 즐깁니다, 반면에 만일 우리가 질투심으로 가득 차 있으면, 그들이 연주하는 음조 하나하나가 짜증스러울 것입니다.
[자기 자신에게 도움을 줄 보물 같은 말이나 가르침을 찾아 표시를 해두고 생각해보고 또 생각해보는 일을 계속해서 하셔야 발전할 수 있습니다.]

(보충) **참으로 놀라운 기도와 그 효과**

칠지기도(Prayer of Seven Limbs)

1 제 몸과 말, 마음으로, 겸허히 절을 올리며,
2 실제로 그리고 마음속으로 공양을 올립니다.
3 무시이래 제가 지은 모든 악업을 참회하며,
4 모든 이들의 공덕에 기뻐합니다.
5 부디 윤회의 세계가 끝날 때까지 머무시며
6 저희들을 위해 법륜(가르침의 바퀴)을 굴려주십시오.
7 저는 모든 공덕을 완전한 깨달음에 회향합니다.

칠지기도의 효과

1 예경(절)은 오만(만)을 치료해주고,
2 공양을 올리는 것은 탐욕(탐)을 치료해주며,
3 악행을 인정하고 고백(참회)하는 것은 미움(진)을 치료해주고,
4 남들이 하는 선행을 기뻐하는 것은 질투심(질)을 치료해주며,
5 가르침을 청하는 것(請法청법)은 어리석음(치)을 치료해주고,
6 불보살님들께 세상에 머물러 달라고 청하는 것은 상견(常見: 자아가 독립적으로 존재한다고 생각하는 견해)을 치료해주며,
7 공덕을 남(중생)들에게 회향하는 것은 완전한 깨달음으로 인도해줍니다.

이 수행을 통해 마이뜨레야(Maitreya(미륵))는 완전한 깨달음을 얻었다고 하니 이 수행의 공덕이 얼마나 큰지 짐작할 수 있을 것입니다.

불보살님들에게 올릴 마땅한 물건이 없을 때는 마음속으로 귀한 것들을 상상으로 우주에 가득 채워 올려도 엄청난 공덕을 얻을 수 있습니다. 수행자들의 세계에는 상상도 귀중한 자원입니다.

7

국가의 어떤 적이 우리들의 행복과
번영을 파괴하고 있습니까?
그것은 생각의 실타래를 동요시키는 모든
다양한 정서적으로 괴롭히는 것(번뇌)들입니다.

여기에서 7대 달라이 라마는 인간의 요소들을 국가의 요소들에 비유하는데, 이것은 11세기의 인도의 스승 나로빠(Naropa)로부터 영감을 받은 것입니다. 나로빠는 부처님의 가르침의 한 구절을 이용했는데, 거기에서 사람과 그의 오온五蘊[색, 수, 상, 행, 식]은 하나의 도시-국가에 비유됩니다.

이 비유에서 우리들 각자는 자기 자신의 작은 왕국의 왕이나 여왕입니다. 우리들은 모두 우리들의 존재의 양상들을 갖고 있는데, 어떤 것은 외무부 장관으로, 또 어떤 것은 보사부 장관으로, 또 어떤 것은 재무부 장관으로, 또 어떤 것은 국방부 장관 등으로 역할을 합니다. 우리들의 마음이 맑고 밝을 때는 이들 장관들이 역할을 잘 하나, 마음이 번뇌에 의해 압도되면 우리들의 개인적인 작은 나라는 혼란에 빠집니다. 우리가 하는 몸과 말, 마음의 행동들은 우리들의 인간관계, 건강, 직업, 그리고 심지어 개인적인 안전에서조차 문제들을 가져옵니다.

시달리는 감정(번뇌)은 "생각의 실타래를 동요시킵니다." 우리가 우리들의 삶의 순간들을 사는 것은 태피스트리(tapestry)를 짜는 것과 비슷합니다. 태피스트리를 만들려면 동요하지 않는 손이 필요합니다. 여기 "동요시키다"는 말은 달리 "흔들다"는 말로 바꿀 수 있습니다. 우리가 흔들리는 손으로 일을 잘 할 수 없듯이, 마찬가지로 우리는 마음이 동요된 감정(번뇌)으로 흔들릴 때는 행복하게 살 수 없습니다.

(보충) 우리들의 행복의 바탕은 동요하지 않는 마음의 평온입니다. 이 내면의 평화는 외부로 향하는 마음을 내부로 돌려 마음의 본성의 고요와 안락에 머물 때 얻을 수 있습니다. 이 고요와 안락을 찾아 거기에서 오랫동안 머무를 수 있을 때까지 우리의 명상(수행)은 계속돼야 합니다.

자기의 마음이 어디에 머무는지가 바로 자신의 행복이나 불행을 결정합니다.

8

비록 우리가 열쇠를 갖고 있지만
벗어나기 어려운 감옥은 무엇입니까?
가족과 친구들에 대한 애착과 같은
얽히고설킨 개인적인 관계들입니다.

남들과의 관계의 기반은 존중과 존엄성과 신뢰여야 합니다. 개인적인 애착이 여기에 들어오면, 모든 것은 잘못됩니다. 애정과 자유는 집착과 조종으로 대치됩니다.

우리는, 예를 들어, 부모와 자식들 사이의 관계에서 이것을 분명히 볼 수 있습니다. 부모가 개방과 신뢰를 집착과 애착으로 대치할 때, 결과는 자식의 분개와 증오입니다. 자연스런 애정이 왜곡되어 지배하는 힘이 됩니다.

마찬가지로, 사랑하는 두 사람은, 그들의 애정이 애착에 의해 빼앗겨지면, 둘 다 상대방에 의해 붙잡히고 통제받는다는 느낌을 갖게 됩니다. 그러면 우리는 사랑하는 사람을, 고맙게 여기기보다, 적대감을 갖고 보게 됩니다.

12세기의 티베트의 요기 밀라레빠(Milarepa)가 말했듯이,

"처음에는 우리가 사랑하는 사람이 천사 같아 보입니다.
그러나 애착이 지배하면, 곧 그는 악마 같아 보입니다.
그리고 마지막에는 이전에 사랑했던 사람이 감옥의 간수로, 자기 자신은 죄수 같아 보입니다."

9

우리가 감옥을 떠난 때조차 우리들을
묶는 족쇄는 무엇입니까?
안거하며 수행할 때조차 세속의 활동에
애착하는 것입니다.

1대 달라이 라마가 언젠가 말했습니다. "자신의 외부 환경을 바꾸기는 쉬우나, 윤회의 마음을 바꾸는 것은 어렵습니다." 다시 말해, 우리는 쉽게 강한 정신적인 결심을 일으킬 수 있고, 그 결의에 의해 수행을 시작할 수 있으나, 우리들의 습관적인 사고방식을 버리기는 그렇게 쉽지 않습니다. 그는 다음 말로 그의 얘기를 종결했습니다.

"그러나, 비록 마음은 천천히 좋아지지만, 배우고(聞문), 사유하며(思사), 수습하는(修수) 세 가지 면에서 끈질긴 노력에 의해, 가장 둔한 사람도 드높은[聖人성인의] 의식의 상태를 성취할 수 있습니다."

언젠가 젊은 5대 달라이 라마가 뽀딸라(Potala)에서 안거 수행 중이었습니다. 모든 것을 꿰뚫어 보는 그의 라마 친구가 어느 날 그를 방문하러 왔으나, 그의 시자가 안거가 아직 끝나지 않았다는 이유로 그를 돌려보냈습니다.

"그래," 그 라마가 대꾸했습니다, "그에게 전해주시오, 내가 오늘 오전 일찍 중앙 시장에서 그를 보았다 하더라고."

나중에 시자가 5대 달라이 라마에게 음식을 가져갈 때 이 이야기를 그에게 해주었습니다. 위대한 5대는 웃으면서 말했습니다, "사실, 오늘 아침 수행 시간에 내 마음이 수행의 대상으로부터 벗어나서 방황했으며, 나는 나 자신이 시장에서 걸어 돌아다니는 백일몽에 빠져있다는 것을 알았다."

(보충) **진짜 중요한 공부**

어느 날 아띠샤(Atisha) 존자의 수석 제자인 돔뙨빠(Dromtonpa)가 어떤 노인이 탑돌이 하는 것을 보고 그에게 말했습니다. "탑돌이 하는 것보다 다르마(붓다의 가르침)를 실천하는 것이 더 좋습니다." 그러자 노인은 불경을 읽기 시작했습니다. 그가 사원 뜰에서 불경을 읽는 것을 보자 돔뙨빠가 그에게 말했습니다. "불전을 읽는 것도 좋지만, 다르마를 실천하는 것이 더욱 좋습니다."

그것이 참선하라는 충고인 줄 알고 노인은 참선을 시작했습니다. 그가 참선하는 것을 보자 돔뙨빠가 다가와 말했습니다. "참선도 좋지만, 다르마를 실천하는 것이 더욱 좋습니다."

노인은 이제 어떻게 해야 할지 몰라서 물었습니다.
"다르마를 실천하려면 제가 어떻게 해야 합니까?"

돔뙨빠가 대답했습니다.

"이생의 일들에 대한 애착을 끊으십시오. 당신의 마음 자체가 수행이 되어야 합니다. 그러려면 세상사에 대한 관심으로 마음을 빼앗겨서는 안 됩니다. 그렇게 마음이 분산되면 무엇을 해도 그것은 다르마의 실천이 안 됩니다."

10

무슨 악마가 우리들을 사로잡고
우정을 고통으로 되갚아줍니까?
그것은 우리들의 악업과 미혹만 증장할 뿐인
그릇된 길로 우리들을 인도하는 친구들입니다.

마음을 바꾸기 위한 방법들에 관한 그의 저술 중 하나에서 7대 달라이 라마가 썼습니다,
"전단나무 숲 위를 부는 바람은 향기로운 냄새가 나나, 똥 위를 부는 바람은 더러운 냄새가 납니다. 마찬가지로, 그대의 동반자가 긍정적이거나 부정적인 것에 따라, 그대의 생활양식도 영향을 받습니다. 그러므로 현명하게 선택하는 것이 중요합니다."

불교는 모든 중생들에 대한 관용과 자비를 개발하는 것을 옹호합니다. 그러나 우리가 아직 초기 단계의 수행 중에 있을 때는 수행에 도움이 되는 환경을 유지하는 것이 중요합니다. 이것이 특히 적용되는 것은 우리가 시간을 함께 보내는 사람들을 선택하게 될 때입니다.

쫑카빠 대사가 글에서 썼습니다, "인생은 짧고 소중합니다. 그러므로 모든 중생들에게 친절하되 친구를 현명하게 선택해야 합니다. 기억하십시오, 나쁜 습관은 얻기 쉬우나 버리기 어려운데, 반면에 긍정적인 습관은 많은 노력과 자제력이 있어야만 얻을 수 있으나 쉽게 실념(mindlessness)에게 잃는다는 것을 말입니다."

(보충)   실념(망각) ↔ 억념(기억) mindfulness
정신을 잃는 순간 모든 축복은 저주로 변할 수 있고, 최악의 경우에 우린 모든 것도 함께 잃을 수 있으므로 항상 마음을 지켜야 합니다.

11

누가 사랑과 미움 사이를 슬라이드 하는
아주 미끄러운 괴물입니까?
그건 거짓 친구들과 우리들의 안녕을
바라는 척하기만 하는 주위의 사람들입니다.

세속의 사람들이 친구들과 교제하는 사람들에게서 구하는 것은 자아-강화입니다. 이것은 허영심에 기반을 두고 있어, 행복이나 평화, 번영이나 정신적인 이익을 주지 않습니다.

8대 달라이 라마의 스승인 까첸 예세 걜첸(Kachen Yeshe Gyaltsen)은 에베레스트 산의 오지 출신의 승려였습니다. 그는 에베레스트 산 근처 어느 동굴 암자에서 12년 동안 안거한 뒤에 그가 태어난 인근의 계곡 끼룡으로 돌아왔습니다. 아무도 그에게 실제로 관심을 보여주지 않았으며, 그는 비교적 무명 속에서 살았습니다.

그러다가 어느 날 그가 라싸로 초대 받아 어린 8대 달라이 라마의 스승이 되어달라는 부탁을 받았습니다. 이 드높은 지위 때문에 그는 무명에서 벗어나서 전국에서 가장 존경받는 라마 중의 한 분이 되었습니다. 그의 계곡의 사람들이 즉각적으로 주목하기 시작했습니다.

어느 날 그들 한 집단이 라싸에 나타나서 그와의 알현을 요청했습니다. 그는 그들을 위해 거대한 연회를 마련하고 음식을 들여왔습니다. 그러나 그의 접시에는 돈과 보석들만 있었습니다. 그가 그것을 바라보고 절하며, 말했습니다, "전에 내가 평범한 승려와 수행자로 살 때는, 아무도 나에게 관심을 보여주지 않았습니다. 이제 내가 명망 있는 지위에 오르니 나는 갑자기 둘 다 풍성하게 갖게 되었습니다. 그래서 나는 부와 명성에 절합니다. 이것들이 내게 전에는 없던 친구와 친척들을 가져다주었으니까요."

7대 달라이 라마가 거짓 친구들을 "사랑과 미움 사이를 슬라이드 하는 아주 미끄러운 괴물"로 비유하는 것은 그들은 좋은 때가 오면 친구가 되나 조금이라도 사정이 나빠지면 돌아서기 때문입니다. 그들의 관심은 우정에 있는 것이 아니라, 교제를 통해 어떤 걸 얻는 데 있는 것입니다.

(보충) **자아는 강화해야 할 대상이 아니라 초월해야 할 대상**

깨달으신 분들에 의하면 자아라는 것은 없습니다.
우리들이 자아라고 부르며 마치 자신의 생명처럼 애지중지하는 자아라는 것은 "가짜 자아(ego에고)"일뿐입니다. 이것이 모든 우리들의 고통의 원천이므로 이것을 없애버려야 우리는 온갖 그릇된 속박과 고통에서 벗어나 진정한 자유와 기쁨을 맛볼 수 있습니다.

이런 점에서 볼 때 대부분의 사람들이 견디기 어려워하는 놀림이나 조롱, 모욕이나 욕설, 비판이나 비난, 무시하거나 업신여기는 것 등은 우리들에게 고통만 주는 거짓 자아를 파괴하기 위한 귀중한 자원으로 이용될 수 있습니다.

부정적인 감정은 자신의 마음(가짜 자아인 에고ego)을 괴롭히고(→ afflicting emotions), 마음의 안정을 깨뜨리며 (→ disturbing emotions), 진실을 보지 못하게 가리므로 (→ obscuring emotions), 빨리 벗어나야 합니다.

모든 것은 무상하여 매순간 지나가게 마련이니 매달리지 말고 내버려두면 곧 사라져버립니다.

12

항상 자기 자신에게 고통을 가져오는
취한 바보는 누구입니까?
그건 안락과 쾌락, 부와 명성을 쫓아
자신의 시간을 보내는 사람입니다.

모두가 행복을 원하고, 아무도 고통을 원하지 않습니다. 이것은 가장 작은 곤충으로부터 가장 큰 인간에 이르기까지 모든 형태의 생명체에 적용됩니다.

그러나 우리들의 행복 추구의 효과성은 우리가 추구하는 영역으로부터 나옵니다. 외적인 조건에 의존하는 행복은 언제나 불안정합니다. 왜냐하면 외적인 현상은 항상 유동하는 상태에 있기 때문입니다. 간단히 말해, 유일한 안정된 행복은 마음 자체 내에서 만들어지고 정신적인 지식에 기반을 둔 것입니다.

7대 달라이 라마에 의한 위의 게송이 언급하는 것은 불교에서 여덟 가지 세속적인 관심사(세속팔풍)로 알려진 것들, 쾌락과 고통, 이득과 손실, 칭찬과 비판, 명성과 악명입니다. 평범한 사람들은 거의 전적으로 이들 여덟 가지에 관심을 갖고, 이들 중에서 긍정적인 넷을 추구하며, 부정적인 넷으로부터 달아납니다. 삶은 긍정적인 것과 부정적인 것 둘 다 가져오고, 양자의 일부는 불가피하며, 우리가 양자로부터 배우고 이익을 얻을 수 있다는 이해를 갖고 대한다면 이것은 충분히 합당한 것입니다. 그러나 우리가 긍정적인 것만 기대하고 부정적인 것을 두려워하면, 우리들의 내적인 평화와 행복은 언제나 불안정한 상태에 남아있을 것입니다.

우리는 12세기의 티베트의 신비한 성취자 밀라레빠의 다음 충고를 따라야 합니다. "여덟 가지 세속적인 관심사(世俗八風세속팔풍: 이득/손실, 명성/악명, 칭찬/비난, 즐거움/괴로움)에 등을 돌리고, 일상적인 것들은 충분한 만족을 주지 않는다는 점에 대해 명상하십시오. 대신에 마음을 깨달음의 길로 기울이면 모든 두려움은 초월되고 내적인 행복이 성취됩니다."

(보충) **자기가 싫어하는 것들에서 유익한 것을 찾아보는 지혜**

우리가 거주하는 세계는 상대적인 세계이므로 우리가 좋아하는 것은 물론 우리가 싫어하는 것도 있게 마련입니다.
그런데 만일 우리가 좋아하는 것에만 관심을 기울이고 싫어하는 것은 모두 외면한다면 우리는 우리가 외면하는 것들이 우리들에게 줄 수 있는 엄청난 이익을 모두 버리는 셈입니다.

예를 들어, 누가 자기에게 너무 이기적이라고 비판하는 경우에 듣기 싫어서 그냥 무시해버리지 말고 자기 자신을 차분히 점검해보고 이것이 사실인 경우에 조금씩 이기적인 생각들을 줄이고 대신에 이타적인 사랑을 키워간다면 자신의 행복은 엄청나게 증가할 수 있습니다.

이런 점에서 세상에 우리들에게 도움이 되지 않는 사람은 아무도 없습니다. 특히 우리들에게 해를 끼치고 우리들의 삶을 어렵게 만드는 분들은 모두 우리들을 직접적으로 도와주는 분들보다 훨씬 더 많은 도움을 준다고 볼 수 있습니다.

이렇게 어려움과 고통 속에서도 이익과 행복을 찾을 수 있으면 우리들의 삶은 훨씬 더 풍요롭고 즐거워질 것입니다.

13

무엇이 고통스러운 윤회의 거품(몸)을
아래로 떨어지게 하는 무게입니까?
그것은 피상적이고, 무상(無常)한 것들에
대한 집착입니다.

사람들처럼, 상황도 항상 유동상태에 있습니다. 우리가 우리들의 내적인 평화와 행복의 기반을 특정한 상황의 존재에 둔다면, 우리는 우리들 자신을 떨어지도록 올려 세우는 것입니다. 여기서 7대 달라이 라마는 집착을 자신의 등에 매달아놓은 무게와 같다고 합니다. 우리가 아무리 높이 있더라도, 그것은 우리들을 한 두 칸 내려가게 하고, 결국은 불행을 가져옵니다.

쫑카빠가 글에서 썼습니다. "우리는 태어날 때도 혼자, 죽을 때도 혼자이며, 혼자 사후의 세계로 들어갑니다. 태어남과 죽음 사이의 짧은 기간에 우리는 이 혼자라는 인식을 유지해야 합니다. 우리가 외부의 사람들과 상황에 의존하여 우리들의 힘과 행복을 얻을 때, 어떻게 우리가 안정된 행복을 기대할 수 있겠습니까? 유일한 의지할 수 있는 친구는 수행의 지식이며, 유일한 진실로 도움이 되는 소유물은 우리들 자신의 내면의 인품입니다."

또한 다른 곳에서 7대 달라이 라마가 썼습니다. "물질적인 대상과 세속팔풍에 대한 환상은 우리들을 전적으로 잘못 인도합니다. 일시적인 만족만 주는 것들에 대한 집착 때문에, 죽을 때 우리는 공허한 영혼의 고통으로 짓눌립니다."

(보충)   무상(無常)에 대한 사유(수행)

외적인 관점으로부터 (환경의) 무상에 대한 사유

"당신의 외부환경이 지난 한 해 동안 어떻게 변해왔는지 사유해 보십시오. 어떻게 계절들이 바뀌고, 식물과 꽃, 나무들이 변했는지, 어떻게 낮이 길어지다 짧아졌는지 생각해보십시오. 당신 자신의 생활환경은 물론 지구 전체의 변화에 대해서도 생각해보십시오. 세계 전체에서 일어난 자연재난에 대해 생각해보십시오. 사람들과 동물들과 곤충들의 모든 태어남과 죽음에 대해 생각해보십시오. 이 엄청난 변화들이 깊은 수준에서 당신에게 도달하여 단 하나도 같은 상태에 머물러있는 것이 없다는 것을 확실히 느끼도록 하십시오."

내적인 관점으로부터 (신체의) 무상에 대한 사유

"당신 자신을 어린 아이로 상상해보십시오. 당신이 지금까지 겪어온 모든 신체적 변화들을 보십시오. 때때로 당신 자신의 어린 시절부터 현재까지 사진들을 살펴보면 당신 자신의 신체적인 무상을 너무도 잘 알 수 있을 것입니다. 그동안 신체적으로 당신에게 일어난 변화를 보십시오. 그러고는 작년부터 지금까지, 어제부터 오늘가지 당신의 신체에 일어난 변화에 대해 생각해보십시오. 당신의 몸이 심지어 순간순간 변하는 것을 보십시오."

은밀한 관점으로부터 (마음의) 무상에 대한 사유

"당신 자신의 마음의 난폭한 성품에 대해 고찰해보십시오. 어린 시절의 당신 자신을 기억하고 당신의 지혜가 세월이 흐르면서 어떻게 발전했는지 생각해보십시오. 당신의 마음이 매순간 변하며 재미있는 것들을 즐기거나 다른 감각적 경험을 따라가는 것을. 당신이 끊임없이 정신적으로 변하고 마음 역시 무상하다는 것을 사유해보십시오."

(보충)   **무상(無常)의 혜택들: 공성의 지혜와 새로운 가능성**

나의 아버지가 여기 있을 때, 아들은 없었네.
아들이 여기 오니, 아버지는 떠나고 흔적이 없네.
아들과 아버지가 만난다 해도, 실체는 없네.

나의 어머니가 여기 있을 때, 아들은 없었네.
아들이 여기 오니, 어머니는 시체이네.
아들과 어머니가 만난다 해도, 실체는 없네.

나의 누이동생이 여기 있을 때, 오빠는 없었네.
오빠가 여기 오니, 누이동생은 방랑하고 있네.
오빠와 누이동생이 만난다 해도, 실체는 없네.

집이 여기 있을 때, 주인은 없었네.
주인이 여기 오니, 집은 부서져버렸네.
집과 주인이 만난다 해도, 실체는 없네.

윤회의 세계는 실체가 없으니(空空하니)
사회로부터 물러나 난 나의 전 생애를 부처님
가르침 공부와 수행에 바치리.

이 노래는 YouTube (Milarepa Sings in the Forest)를 통해 들을 수 있습니다. 너무 슬퍼 우울감에 잠시 빠질 수 있지만 이 노래의 목적은 무상을 통해 공성의 지혜를 가르쳐주는 데에 있습니다.

다른 한편으로, 끊임없는 변화를 통해, 고맙게도, 무상은 끊임없이 새로운 세계와 가능성을 열어줍니다.
언제나 모든 것의 이런 양면을 보는 지혜를 길러야 합니다.

14

오지(奧地)의 안거 수행하는 곳에 살면서
남들로부터 훔치는 사기꾼은 누구입니까?
그건 남들의 지원으로 안거수행하면서도
자신의 시간을 헛되이 보내는 사람입니다.

티베트에서 뿐만 아니라 아시아의 다른 전통적인 불교 사회에서 관습은 안거 수행에 들어가는 사람들은 가족이나 친구, 혹은 다른 후원자들의 지원을 받는 것이었습니다. 안거에 들지 않는 사람들은 일반적으로 기꺼이 안거수행자들을 후원하면서 믿었습니다. 이런 식으로 자기들도 안거수행의 정신적인 에너지를 공유할 것이라고. 더 깊은 오지(奧地) 안거 암자에서는 그 사원의 주지가 음식을 공급해주었는데, 이를 위한 자금은 가르치는 여행을 통해서 조달했습니다.

어느 경우이든, 이 지원을 받고서도 수행을 완수하기 위해 청정한 노력을 하지 않는 것은 사찰로부터 훔치는 것과 동일한 행위로 간주되었습니다.

다른 글에서 7대 달라이 라마가 썼습니다. "어떤 사람이 삭발하고 백 벌의 아름다운 승복을 입더라도, 만일 그가 현명하지 않게 살고 애착으로 압도된다면 그는 불행 속으로 끌려들어갑니다. 오, 게으른 마음이여, 어째서 이 뜻을 이해하지 못하는가!"

전통적인 티베트 사회에서는, 네 사람 가운데 한 명이 적어도 일생 중 첫 3분의 1 기간 동안 승려가 되었으며, 다른 사람들은 마지막 3분의 1 기간 동안 승려가 되었습니다. 게다가, 일반 재가자 중 다수가 두어 달로부터 수개월 동안 가끔 안거수행을 했습니다. 티베트인들은 이 독특한 활동에 의해 발생되는 정신적인 에너지가 세계 평화와 번영에 최상의 공헌이 된다고 생각했습니다. 그러나 안거 중에 받는 지원과 함께 커다란 책임이 따라왔습니다.

일이나 사회적인 책임을 피하기 위해 이 전통을 남용하는 것은 강한 부정적인 업으로 금생에서는 불행을, 내생에서는 악도에 태어나게 된다고 생각했습니다.

15

> 신(神)의 장식물을 걸친 아이를 닮은
> 속이 빈 자신을 과시하는 자는 누구입니까?
> 그것은 내면의 요가(합일성취) 없이
> 딴뜨라(tantra) 의례를 행하는 자입니다.

딴뜨라 불교에는 무속적인 의례가 풍부합니다. 치유, 퇴마, 강우 의식, 다산을 증장하는 의식, 부(富)를 끌어들이는 것, 장애를 제거하는 것은 딴뜨라 승려나 무당이 행하도록 요청 받는 종류의 활동들 중의 일부에 불과합니다. 이들 외에 자기-관정, 만달라 부처님들과 호법신중들 불러오기 등과 같은 많은 종류의 딴뜨라 의례가 있습니다.

이들 의례 중 다수에서, 의례를 행하는 사람은 행하는 특정한 의례와 관련된 특별한 딴뜨라 의상을 착용합니다. 티베트의 불교 지역을 여행하는 사람은 이런 성격의 많은 행사들을 볼 수 있을 것입니다.

그러나 그런 의례를 행하기 전에, 딴뜨라 수행자는 먼저 표준적인 안거를 시작해서 몸과 마음의 섬세한 에너지에 힘을 부여하는 내면의 요가를 성취해야 합니다. 이것이 위대한 인도의 성취자들에 의해 확립되어 초기의 티베트 스승들이 티베트로 들여온 전통이었습니다.

1대 달라이 라마가 언젠가 글에서 썼습니다. "먼저 산속에 들어가서 딴뜨라 요가를 성취하지 않고 자기 자신을 딴뜨라 요기로 제시하는 것은 사자인 척하는 여우와 같습니다."

(보충) **우리들의 몸과 마음의 세 가지 수준**

1)거친 몸과 마음, 2)섬세한 몸과 마음, 3)매우 섬세한 몸과 마음(이것은 우리들의 심장 안에 하나로 통합되어있으며 죽을 때 금생의 몸을 떠나 다음 생의 몸으로 이동합니다. 우리는 죽어도 없어지는 게 아닙니다. 우리들의 죽음은 우리가 성불하여 윤회에서 벗어날 때까지 되풀이 됩니다. 그러므로 우리들의 인생은 완전한 깨달음을 성취하기 위한 과정이라고 볼 수 있습니다.)

(보충) **고통에서 벗어나는 길: 내면의 평화(합일)의 힘**

누구든지 내면의 평화를 누리는 분은 실패로 우울해지지 않고 성공으로 의기양양하지도 않습니다. 그가 자신의 경험(인생)을 방대하고 깊은 내면의 평화의 터전에서 충실히 살 수 있는 것은, 경험은 일시적이어서 (무상해서) 거기에 집착하는 것은 소용이 없다는 것을, 그가 이해하기 때문입니다. 그에게는 "힘든 추락"이 없을 것입니다. 사태가 악화되어 역경에 부딪쳐도. 그가 우울한 기분에 빠지지 않는 것은 그의 행복의 기반이 단단하기 때문입니다.

아우슈비츠에서 죽기 1년 전에, 네덜란드의 놀라운 젊은 여성 에티 힐레숨이 말했습니다. "당신에게 내면의 삶이 있으면, 당신이 수용소의 죄수이건 간수이건….문제가 되지 않습니다.
전 이미 천 개의 집단 수용소에서 천 번은 죽었습니다. 저는 모든 걸 압니다. 이제 더 이상 저를 괴롭힐 새로운 일은 아무 것도 없습니다…"

-마티유 리까르(Matthieu Ricard)

(보충) 오래 전에 태풍으로 남해안에서 배가 침몰했을 때 부서진 배의 조각에 여러 분이 매달렸는데, 남자들은 모두 죽고 여자들만 살아남았다던 일이 기억납니다. 여성들의 이 힘이 어디서 나오는 걸까요? 자식들에 대한 사랑이 중요한 원인일 수 있겠죠. 아마 모든 것을 받아들일 수 있는 여성들의 근원적인 수용성이 이 놀라운 힘의 근원일 것입니다.

*

공격(미움)보다 수용(사랑)이, 거친 에너지보다 섬세한 에너지가 더 강합니다. 왜냐하면 후자는 본성의 합일적인 에너지이기 때문입니다.

16

운반하기 무겁고, 내려놓기 어려우며,
언제나 해로운 짐은 무엇입니까?
그것은 자기 자신의 윤회의 오온五蘊(몸과 마음)인데,
업(業)과 미혹(번뇌)에 의해 만들어집니다.

불교는 자아를 단지 몸과 마음의 오온 또는 양상을 기반으로 붙인 "나"에 대한 인식에 불과하다고 합니다. 오온에 대한 싼쓰끄리뜨 단어는 스깐다(skandha)인데, 이것이 뜻하는 것은 요소들의 모임이나 복합체 같은 것입니다. 나의 "나" 혹은 자기는 내 삶을 이루는 요소들 혹은 오온들로부터 형성되고 조건들에 의해 만들어진 개체에 대한 나의 인식입니다.

일반인들에게, 존재의 오온을 조건 짓는 것은 업과 번뇌, 혹은 각각, 행위의 성향과 왜곡된 정신적/정서적 상태들입니다. 이것들은 긍정적인 것과 부정적인 힘의 혼합이기 때문에, 우리는 행복과 고통을 번갈아 경험합니다. 그러나 깨달음의 지혜가 성장함에 따라, 업의 힘과 왜곡된 정신적/정서적 상태가 정화되어, 그 결과 행복이 더 강해지고 고통은 줄어듭니다. 종국에 가서 깨달음이 성취되고, 그와 함께 영원하고 편만한 행복이 찾아옵니다.

7대 달라이 라마는 여기에서 오온을 "오염된" 것으로 묘사하는데, 그것은 "나"와 오온 사이의 관계가 오해(무지)로 오염되어있기 때문입니다. 다시 말해, 우리는 흔히 나를 오온과 함께 혹은 별도로 실재하는 구체적인 현상으로 생각합니다. 우리가 나를 이런 식으로 오해하면, 업과 번뇌가 우리들에게 큰 힘을 행사하여, 오온이 불쾌함과 고통의 다양한 양상으로 일어나게 만듭니다.

이것이 깨달음을 추구할 때 우리가 내려놓아야 할 짐입니다.

*

(보충) 오온: 우리들의 몸과 마음을 이루는 색(色), 수(受), 상(想). 행(行), 식(識)

사람의 구성요소인 오온(五蘊)과 사대(四大: 지, 수, 화, 풍)를 이용한 자아해체훈련

1 색(色) = 육체 → 육체도 내가 아닙니다.
2 수(受) = 느낌 → 느낌도 내가 아닙니다.
3 상(想) = 생각 → 생각도 내가 아닙니다.
4 행(行) = 의지 → 의지도 내가 아닙니다.
5 식(識) = 의식 → 의식도 내가 아닙니다.

사람은 오온과 별개체로서도, 사람의 존재를 설정하는 기반인
오온 내에(동일체로)서도, 발견되지 않는다.   -나가르주나

사람은 오온과 같지도 다르지도 않다는 말입니다. 오온 자체가 사람은 아니지만 오온을 떠나 사람은 존재하지 않기 때문입니다.

사람은 흙(地지)도 아니고, 물(水수)도 아니며,
불(火화)도, 바람(風풍)도, 공간(空)도 아니고,
의식(識식)도 아니며, 이들 모두도 아니네.
허나 이들 밖에 무슨[어디에] 사람 있으랴?   -나가르주나

한 편으론 인간을 구성하는 여섯 가지 요소(지, 수, 화, 풍, 공, 식)가 사람이 아니라는 부정(否定)을 통해 자아에 대한 집착을 끊게 하고, 다음에는 긍정(肯定)을 통해 모든 것과 합일로 인도합니다. 이것이 양면적인 지혜의 선물입니다!

17

모두가 신뢰하지 않으며 온 세상 사람들로부터
비웃음을 받는 사람은 누구입니까?
그건 끊임없이 거짓말을 하여
남들을 속이려고 하는 사람입니다.

이전의 게송들로 7대 달라이 라마는 마음을 괴롭히는 정신적 문제들 중에서 다수에 대해 다뤘습니다. 그는 이제 어떻게 이들 내면의 왜곡된 마음의 상태들이 밖으로 나타나, 자신과 남들에게 불행을 가져오는지 다룹니다.

그는 네 가지 말의 악업인 거짓말, 험한 말, 비방, 잡담을 다루는 것으로 시작합니다.

이들 중 첫째인 거짓말을 그는 속이는 것과 연관 짓습니다. 그가 말하듯이, "끊임없이 거짓말하는" 사람은 불신의 대상이며 온 세상 사람들에게 조롱당합니다."

불교에서, 말은 성스러운 능력으로 간주됩니다. 인간은 높은 사고와 표현 능력을 갖고 있으며, 이와 함께 성스러운 신뢰가 나옵니다. 이것은 인간을 더 원시적인 형태의 생명체와 구별해주는 중요한 요소들 중의 하나이고, 우리들에게는 큰 힘의 원천입니다. 말을 통해 우리는 지식을 세대로부터 세대로 전하며, 더 높은 지혜와 깨달음의 열쇠들을 전하기까지 합니다. 세속적인 문화와 깨달음의 지식들은 둘 다 근본적인 도구로 말에 의존합니다. 이 놀라운 의사전달 도구를 이용하여 남들을 오도하고 속이는 것은, 20세기 티베트의 신비한 성취자 한 분이 말하듯이, 신(神)을 마귀로 바꾸는 것입니다."

(보충) 거짓말은 남들에게 해를 끼칠 뿐만 아니라 자기 자신의 인격이나 내면(마음)의 온전함(integrity)도 망가뜨립니다. 이들은 스스로 자기 존재의 근본을 파괴하는 것입니다. 이것은 분명히 자멸로 가는 길입니다.

18

사람들이 서로 만날 때 어떤 날카로운 무기가
심장을 자릅니까?
그건 험하고 잔인한 말과
남들의 허물에 대한 비난입니다.

험한 말과 비난하는 말은 우리가 사랑하고 우리들에게 가장 가까운 분들에게 가장 흔하게 사용하며, 또한 가장 많은 상처를 줍니다. 여러 가지 방식으로 폭력적인 말은 신체적인 폭력보다 남들을 해치는 더 깊은 방식입니다. 왜냐하면 그 충격이 더 깊이 들어가기 때문입니다.

이들 부정적인 말은 둘 다 저변에 해치려는 생각이 깔려있습니다. 불행하게도 지금과 같은 어두운 시대에는 둘 다 또한 정상적이고 받아들일 수 있는 것으로 생각됩니다. 그러나 깨달음의 전통을 따르는 분들은 언제나 말을 할 때 부드럽게, 그리고 도움이 되며 의미 있는 것을 말하려고 노력해야 합니다.

비방은 남들 사이를 갈라놓는 식으로 사실과 다르게 말하는 것을 가리킬 뿐만 아니라, 남들 사이를 갈라놓으려는 의도를 갖고 부적절한 사실이나 진실을 말하는 것도 포함합니다.

(보충)　　**까담빠**(Kadampa) **스승들의 가르침**

만일 그대가 어떤 부정적인 말을 하고 싶을 때는, 그걸 그대 자신에 대해서 하라. 만일 그대가 어떤 긍정적인 말을 하고 싶을 때는, 그걸 다른 사람에 대해서 하라.

19

어떤 보이지 않는 바람(風풍)이 약점을 가져오며
끝없이 배회합니까?
그건 의미 없는 재잘거림(잡담)에
대한 탐닉입니다.

10개의 부정적인 행동(악업) 중에서 - 셋은 신체적인 것, 넷은 언어에 대한 것, 셋은 마음에 관한 것 - 잡담은 가장 심하지 않으나 가장 빈번하며, 또한 인간에게 가장 흔한 것입니다. 이것은 시간을 가장 많이 낭비하는 업입니다.

말로 표현하고 전달하는 인간의 능력은 하나의 종(種)으로서 우리들의 성공과 행복에 대한 중요한 열쇠입니다. 그래서 쫑카빠 대사가 언젠가 말씀하셨습니다. "더 높은 존재와 깨달음의 길을 따르는 사람은 진실하게, 부드럽게, 도움이 되게, 그리고 의미 있게 말하려고 결심해야 합니다." 이 단순한 말로 그는 말의 네 갖지 부정적인 업을 피하고 대신에 네 가지 긍정적인 업을 기르는 방법을 지적해 주었습니다.

위대한 라마 쌰꺄 빤디따(Sakya Pandita)가 말했습니다. "의미 있는 할 말이 없을 때는, 그저 침묵을 즐기세요. 만일 당신의 혀가 움직이는 것을 막을 수 없는 경우에는, 혀 주위를 끈으로 묶으세요. 일부 사람들에게는 이것이 유일한 처방입니다."

(보충) 세상의 행복을 증가시키는 말: 진실한 말, 부드러운 말, 도움이 되는 말, 의미 있는 말   - [지혜와 사랑(본성) - 행복의 길]

세상의 고통을 증가시키는 말: 거짓말, 거친 말, 쓸데없는 말, 의미 없는 말   - [무지와 미움(왜곡) - 고통의 길]

20

어떤 악귀가 배가 고프지 않을 때도
남들을 집어삼킵니까?
그건 권력의 자리에 있으면서 부하들을 욕하고
그들을 쓰레기처럼 무가치하다고 생각하는 사람들입니다.

7대 달라이 라마는 티베트인들의 정신적이며 세속적인 지도자 역할을 맡았습니다. 그래서 그는 세속적인 권력의 위험들과 부패하고 잔인한 지도자가 어떻게 국민들에게 큰 고통을 가져오는지에 대해 아주 잘 알고 있었습니다. 티베트는 수백 개의 왕국과 유목 부족들의 연합으로, 각각 반(半)자율적인 자치정부 체제를 갖고 있었습니다. 국가의 정신적, 세속적 지도자로서 그의 의무는 지역 왕들과 족장들을 고무하여 그들이 통치할 때 깨달음의 윤리규범을 준수하고 자기들 자신을 지배자라기보다 봉사자로 보게 하는 것이었습니다.

그러나 그의 역할은 유럽의 교황과는 달랐습니다. 왜냐하면 불교에는 파문(excommunication)이 없으며, 실제로 권한의 중앙 집권화도 없기 때문입니다. 예를 들어, 모든 승려는 자기 자신의 윤리적인 청정에 대한 책임이 있으며, 청정하지 않은 승려에게 강제로 옷을 벗게 하는 기관이 없습니다. 모든 사원은 이런 면에서 표준을 정하고, 사원이 어떤 승려를 사찰로부터 추방할 수는 있지만, 그들의 옷을 벗길 수는 없습니다.

이 게송은 왕들과 족장들뿐만 아니라 정부 관리들로부터 일반 가정의 가장에 이르기까지 모든 권한의 지위에 있는 사람들에게 해당됩니다.

(보충) 남들에게 욕을 하는 것은 자기 자신을 욕먹게 만드는 것이고, 남들을 쓰레기처럼 대하는 것은 자기 자신을 쓰레기로 만드는 것입니다.

(보충) **온 세상 사람들이 바라는 세상에서 가장 이상적인 지도자**

티베트의 정부 명칭에는 세속의 일밖에 모르는 분들에게는 믿기 어려운 놀라운 면이 있습니다.

간덴 포당 씨시 슝뗄(Ganden Podrang Sizhi Zungtrel, or "Joyful Government of Spiritual and Temporal Affairs in Harmony" "수행의 일과 세속의 일이 조화를 이루는 즐거운 정부"

(우리들에게도 이런 꿈같은 정부가 하루빨리 세워져 누구나 자기 자신과 사회를 위해 최선을 다하는 기쁨을 누릴 수 있길 빕니다!)

만일 어떤 조직의 지도자가 이런 방향으로 그 조직을 이끌어 간다면 그는 틀림없이 조직원들로부터 열렬한 지지와 사랑을 받는 성공적인 지도자가 될 것입니다.

우리들의 삶도 세속적인 것과 수행적인 것이 조화를 이루는 것이 가장 바람직합니다. 따라서 지도자가 되기 위해서는 물론 자기 자신의 행복을 위해서도 우리 모두 수행자가 되어야 합니다.

이제 훌륭한 지도자들의 탄생을 위해 수신제가 치국평천하(修身齊家治國平天下)라는 이상을 진지하게 되새겨야 할 때가 된 것 같습니다.

21

**인간 세계에 나타나면서도
지옥계에 사는 사람은 누구입니까?
그는 부패한 경영자나 상관 밑에서
열심히 계속해서 일하는 사람입니다.**

앞의 게송에서 7대 달라이 라마가 지적한 것은 지도자와 권력의 지위에 있는 사람의 책임과 이 지위가 남용될 때 남들이 겪는 어려움들입니다.

이제 그는 봉사나 고용의 지위에 있는 사람의 상황으로 관심을 돌립니다. 그가 말하듯이, 우리가 우리들 자신을 "부패한 경영자나 상관" 밑에서 일하게 허용하면, 우리는 우리들 자신을 지옥계로 떨어지게 허용하는 것입니다.

이것은 두 가지 중요한 면에서 사실입니다. 우리들의 당장의 경험 면에서, 우리가 우리들 자신을 부패한 상관의 지시를 따르도록 허용하면 우리는 결코 평화와 행복을 얻지 못합니다. 부패한 상관은 우리들을 부정적이고 불쾌한 방법으로 밀어서, 우리들의 마음의 평화를 방해하고 종종 신체적으로 우리들을 위험에 빠뜨립니다. 고용주의 부정적인 인격은 피고용자에게 부정적인 영향을 끼칩니다.

둘째로, 더 장기적인 관점에서, 우리가 부패한 상관 밑에서 살면 우리들 자신이 부패에 가담해야 하고, 그리하여 악업을 축적시키는 생활방식에 들어가야 합니다. 그 결과 우리는 다음 생에 악도에서 태어나게 됩니다.

(보충) **견딜 수 없는 지옥의 고통**

몸에 360 개의 구멍을 뚫어놓고 거기에 불타는 심지를 박아놓을 때의 고통이 지옥불의 불꽃 하나와 견주면 아무것도 아니라고 합니다. 그런데 사방이 불타는 이런 지옥에서 수억 년을 마음대로 죽지도 못하고 견뎌야 하는 고통을 생각해보십시오.

22

**먹을 것과 재산, 소유물을 갖고 있으면서도
궁핍으로 고통 받는 것은 어떤 아귀입니까?
그건 부유하면서도 너무도 인색함으로 묶여있어
자기 자신의 부를 즐길 수 없는 사람들입니다.**

불교는 환생의 세계가 여섯 영역으로 구성되어 있다고 하는데, 이들 중 셋은 "세 불행한 영역(삼악도)"이고 나머지 셋은 "세 행복한 영역(삼선도)"입니다. 세 불행한 영역은 세 낮은 영역이라고도 알려져 있으며, 지옥계, 아귀계, 축생계입니다. 분노와 잔혹을 통해 우리는 지옥에서 다시 태어나고, 탐욕과 갈망을 통해 아귀계에 태어나며, 정신없는 행동과 본능적인 행위를 통해 우리는 축생계에 태어납니다. 모든 세 영역들은 또한 인간의 마음 상태를 나타내는 은유이기도 한데, 아귀계는 갈망과 탐욕의 마음상태에 대한 은유입니다.

7대 달라이 라마의 말에 의하면 부유하면서도 인색으로 묶여있는 사람은 자기 자신의 부를 즐길 수 없는 아귀와 같습니다. 티베트의 그림에서 이런 유형의 아귀는 배는 산처럼 크나 목은 보릿대보다 더 크지 않은 것으로 묘사됩니다. 이 이미지는 영원한 갈망의 이미지로, 여기에서는 만족이 전혀 알려져 있지 않습니다.

불교에서는 세속적인 성공도, 세속적인 탐닉도 문제가 되지 않습니다. 많은 왕과 부유한 사업가들이 깨달음을 성취했습니다. 문제가 되는 것은 이런 성공이 에고-집착(아집)만 높여주고 그의 영혼을 윤택하게 하고 세상에 대한 친구 역할을 높여주지 않을 때입니다. 세속적인 소유물들은 해머와 같아서 도구로 사용되면 자기와 남들의 행복에 이바지하나, 무기로 사용되면 해를 끼칩니다.

(보충) 지옥중생들은 미움(성냄)으로 묶여 있고, 아귀는 인색함(혹은 탐욕), 동물들은 어리석음으로 묶여있네. 사람들은 정욕(情慾)으로, 아수라는 질투로, 천신들은 자만으로 묶여있으니, 이들 여섯 가지가 해탈의 장애라네.

-밀라레빠

23

인간인 척하나 실제로는 짐승에 불과한
사람은 누구입니까?
그건 무지 속에 빠져있고 수행의 탁월성에
대해 관심이 없는 사람입니다.

7대 달라이 라마는 위의 세 게송으로 삼악도(지옥계, 아귀계, 축생계)를 다룹니다. 특히, 이들 게송은 어떻게 삼악도가 인간의 삶에 들어오는지 보여줍니다. 우리가 지옥으로 떨어지는 것은 우리가 그릇된 생계수단을 받아들일 때이고, 우리가 아귀처럼 되는 것은 우리가 탐욕과 애착 속에서 살 때이며, 우리가 짐승보다 나을 게 없는 것은 우리가 수행의 탁월성에 대한 추구를 버릴 때입니다.

2대 달라이 라마는 그의 제자 중 한 사람에게 썼습니다. "오 잠뻴 닥빠여, 여덟 가지 여가(8유가有暇)와 열 가지 여건(10원만圓滿)을 갖춘 이 인간의 몸은 정신적인 수행을 위한 최상의 그릇이다. 너의 이 소중한 기회에 대해 생각해보고, 이것을 이용하라. 세속적인 일은 영원히 애를 써도, 결코 끝나지 않는다. 잠뻴 닥빠여, 염라대왕이 쳐들어올 때 오로지 후회하는 마음만 갖고 떠나지 않도록 하라."

또한 3대 달라이 라마도 글에서 썼습니다. "수행의 스승에 의지하고 인과법칙에 대해 수행함으로써 너는 이 지극히 소중한 인생, 구하기 어렵고 엄청난 잠재력을 지닌 생명의 형태, 여의주보다 더 소중한 보물을 이용할 수 있다. 그러므로 정신적인 탐구(수행)에 매진하고, 이 가장 희귀한 기회를 놓치지 않도록 하라."

(보충) **여덟 가지 여가(八有暇팔유가)**

1 지옥중생으로 태어나지 않은 것
2 아귀로 태어나지 않은 것
3 동물로 태어나지 않은 것
4 장수하는 천신으로 태어나지 않은 것
5 야만인으로 태어나지 않은 것
6 수행을 불가능하게 하는 몸과 마음의 결함을 갖고
  태어나지 않은 것
7 그릇된 견해를 가진 이로 태어나지 않은 것
8 부처님께서 출현하시지 않았을 때 태어나지 않은 것

열 가지 [수행에] 유리한 여건(十圓滿십원만)

1 인간으로 태어난 것
2 부처님의 가르침이 있는 곳에 태어난 것
3 온전한 감각기관을 갖고 태어난 것
4 다섯 가지 중죄(오무간업)를 짓지 않은 것
5 삼보(三寶)에 대한 믿음을 갖고 있는 것
6 부처님 출현시에 태어난 것
7 부처님 설법시에 태어난 것
8 부처님의 가르침을 수행하는 이들이 있을 때 태어난 것
9 부처님의 가르침이 번창할 때 태어난 것
10 부처님의 가르침을 수행하는 데 필요한 것들을 보시하는
   이들이 있을 때 태어난 것

24

조용한 곳에 살면서도 소란한 마음으로
시달리는 사람은 누구입니까?
그건 홀로 안거(安居)에 머물면서 수행자에게
어울리지 않는 생활방식에 종사하는 사람입니다.

깨달음을 위한 수행에 가장 큰 장애는 한 곳에 머물지 못하고 이 대상으로부터 저 대상으로 방황하면서 어떤 것에도 깊이 있게 안주(安住)하지 못하는 마음입니다.

우리가 안거 수행을 하는 것은 마음을 조용하게 하고 그것을 맑게 집중시켜, 무상(無常), 자기(我아)와 현상(法법)의 공성(空性), 자비 등과 같은 정신적으로 중요한 진실들 속으로 깊이 파고들 수 있도록 하기 위해서입니다. 그러나 만일 수행자가 안거에 따르는 규율을 지키지 않고, 대신 나태와 산만에 빠지면, 그 안거는 아무 가치가 없습니다. 성공적인 안거는 마음을 삼매나 더 높은 정신적인 힘의 성취의 방향으로 인도합니다.

많은 티베트인들은 자기가 입문(入門) 받은 딴뜨라 체계의 만달라 수행과 연관된 3년 안거를 했습니다. 티베트 불교의 여러 종파들은 이 안거를 끝내는 사람에게 "라마"나 "마스터 스승"이라는 칭호를 수여하기까지 했습니다. 여기서 7대 달라이 라마가 경고하는 것은 단순히 안거에 들어가는 것만으로는 반드시 바라는 결과를 가져오지 않는다는 것입니다. 많은 티베트의 젊은이들이 이 안거를 시작한 것은 오로지 라마의 칭호를 얻기 위한 것이어서, 안거 중에 아무것도 하지 않고 시간을 낭비하며, 그 칭호와 연관된 존경과 명망을 받을 수 있도록 그 안거 기간이 끝나기를 고대할 뿐이었습니다.

25

많은 불행한 일이 닥쳐오는 것을 보여주는
나쁜 징조는 무엇입니까?
그것은 감각에 나타나는 대상들의
유익한 점들을 과장하는 것입니다.

다섯 가지 감각에 나타나는 대상들은 자연적인 방식으로는 우리들에게 이익을 줄 수 있으나, 그들의 가치를 우리가 과장할 때 그들은 대신에 쉽게 우리들에게 해를 가져올 수 있습니다.

예를 들어, 맛있는 음식은 몸을 건강하게 하고, 건강한 몸은 건강하고 맑은 마음을 북돋아줍니다. 그러나 우리가 음식물의 맛의 중요성을 과장할 때 우리는 음식물의 기능이 신체의 건강과 안녕이라는 가장 중요한 점을 놓칩니다. 그러면 우리는 결국 초콜렛 에클레어(eclairs)와 소다 팝을 먹고 살게 됩니다. 이것은 몸에도 마음에도 건강하지 않습니다. 그래서 나가르주나가 말했습니다. "당신이 먹는 음식을 약으로 생각하시오."

마찬가지로 나머지 네 감각의 대상들도, 각각 자연적으로 유익한 점이 있습니다. 그러나 우리가 이들 중에서 어떤 요소를 과장할 때 우리는 그 왜곡에 상응하는 해를 입습니다. 특정한 사소한 광경에 대한 애착은 이들이 존재하지 않을 때 우리들을 불행하게 만들고, 모든 존재하는 것의 자연적인 아름다움을 즐기지 못하게 만듭니다. 이것은 냄새와 소리, 감각에도 적용됩니다. 이들 중 어떤 한 가지 유형에 대한 분별적인 성향은 이것이 없을 때 마음속에 불행과 불편함을 가져오고, 또 그 순간에 존재하는 것에 대한 자연적인 적절함을 즐기지 못하게 만듭니다.   [오래오래 잘 음미해보십시오.]

딴뜨라 불교에서 수행자가 채택하는 규범은 감각의 영역에 나타나는 모든 대상을 본래의 대락(大樂)과 지혜[공성]의 자연적인 유희의 표현으로 받아들이는 것입니다. 다시 말해, 여기에서 강조되는 것은 모든 일어나는 것이 본래 완전하다는 것입니다. [이것이 가장 높은 금강승의 가르침입니다.]

(보충) 모든 것은 겉모습은 달라도 본성은 모두 동일하게 비어 있습니다.
비어있는 것은 모두 청정하며 더 이상 바랄 게 없이 완전합니다.
게다가, 모든 것은 그런 완전한 비어있는 상태에서 나와 다시 그 상태로 되돌아갑니다.

(보충)   **모든 것은 완성을 지향한다!**

모든 것은 처음부터 스스로 완성된다는 것을 알면
어떤 것을 성취하려고 애쓰는 병은
저절로 끝이 나고,
있는 그대로 자연 상태에 머무르면,
둘이 아닌 사유(성찰)가 계속해서,
저절로 일어난다.

이것이 그래서 최선의 방편이다. 무슨 생각이 일어나든,
중지시키거나 불러오지 말고
따라가지도 말라.
만일 그대가 자연 상태로부터 벗어나지 않으면,
정화된 감각 능력의 모든 자질들이 얻어지고,
천안(天眼)과 그 밖의 시력,
초자연적인 인식 등이 성취된다.

―롱첸빠(Longchenpa)

모든 것의 본성은 최선이고 모든 중생들의 본성은 불성(佛性) 또는 신성(神性)이기 때문에, 큰 안목으로 보면, 모든 사람들은 저마다 최선을 향해 나아갑니다.

그러므로 우리들에게 일어나는 모든 일과 우리가 만나는 모든 분들은 우리들을 최선으로 인도하는 귀한 안내자들이므로 우리는 모든 것과 모든 분들에게 감사해야 합니다.

26

비록 작지만 큰 고통을 가져오는
강하고 치명적인 독은 무엇입니까?
그건 작은 부정적인 행동(악업)을 하고 뉘우치지
않거나 치료법을 사용하지 않는 것입니다.

인생에서 성공은 큰일을 돌보는 문제라기보다 세부사항에 주의를 기울이는 것입니다. 우리가 세세한 점들을 보살피면, 큰 문제들은 저절로 성공적으로 처리됩니다.

큰 악업 때문에 문제를 겪는 사람들은 아주 적습니다. 이들은 드물게 일어납니다. 그러나 작은 악업은 우리가 주의하지 않으면 하루에도 수백 번 발생할 수 있습니다. 예를 들어, 우리들 중에 살인하는 사람은 많지 않으나, 우리는 자주 우리가 사랑하는 사람들에게 험한 말을 하거나, 우리들의 마음이 애착이나 미움에 기반을 둔 생각을 품게 허용합니다. 이것이 7대 달라이 라마가 작은 악업이라고 하는 것의 의미입니다.

정신적인 발전은 날마다 우리가 우리들의 삶을 정화할 때 이루어집니다. 붓다께서 권장하셨습니다, 우리가 밤에 잠자기 전에 조용히 앉아서 명상하면서 우리들의 하루를 되돌아보고, 성공적으로 한 것과 성공적으로 못 한 것을 계산해보라고. 우리는 긍정적인 것에 대해서는 기뻐하고 부정적인 것은 네 가지 반대되는 힘 혹은 네 가지 대치(치료)법에 의해 정화해야 합니다.

이들 네 가지 대치법의 첫째는 뉘우침입니다. 뉘우치지 않으면, 행동유형을 정화할 희망이 없습니다. 둘째는 받아들일 수 있는 행동의

범위 내로부터 그 행동유형을 제거하려는 결의입니다. 셋째는 기반을 강화하는 것인데, 이것이 의미하는 것은 자신의 내면으로부터 정신적인 힘을 불러내어 보편적인 자비심을 일으키는 것입니다. 넷째는 만뜨라와 관상(觀想) 같은 정화 방법을 이용하는 것입니다. 이들 네 가지를 이용한 후에 우리가 일으켜야 하는 것은 부정적인 에너지가 완전히 씻어져버리고 그 악업을 철저히 초월했다는 인식입니다.

(보충) 청정한 공(空)으로 돌아가게 하는 지혜의 치료법, 대치법

반대되는 힘의 극복이 가능한 것은 다음과 같은 근거 때문입니다.

$$에너지(E) + 반대 에너지(-E) = 0$$

이 공식으로 볼 때 악(惡)을 악으로 갚으려고 하는 것은 어리석은 방법입니다. 악은 선(善)에 의해서만 소멸될 수 있기 때문입니다.

그래서 지혜로운 이들은 절대로 욕설을 욕설로 갚지 않고, 분노를 분노로 갚지 않으며, 누가 자기를 때릴 때 반격하지 않고, 누가 자기의 결점을 들추어낼 때 그의 결점을 들추어내지 않습니다.

보복은 나쁜 에너지와 고통만 증가시킬 뿐입니다.
그러므로 지혜로운 분들은 항상 좋은 생각과 기쁨을 향해 나아갈 뿐입니다.

　당신이 (상대방의 미움에 대항하여) 또 하나의 미움의 힘을 내지 않으면, 상대방의 미움은 무너집니다.

　　　　　　　　　　　　　　　　　　-최걈 뚱빠(Chogyam Trungpa)

27

신(神)에게조차 얼룩을 남길 수 있는
진흙 덩어리는 무엇입니까?
그건 자기가 받아들인 규범을 주의를 기울여
지키지 않는 것입니다.

붓다께서는 세 가지 기본적인 수준의 수행방법을 가르쳐주셨는데, 이것들은 싼스끄리뜨어로 히나야나 Hinayana(소승), 마하야나 Mahayana(대승), 바즈라야나 Vajrayana(금강승), 혹은 개인적인 해탈의 길, 보편적인 자비의 길, 딴뜨라의 길로 알려져 있습니다. 대부분의 티베트인들은 이들 세 "길"을 순서대로 수행합니다. 그들은 첫째 수준으로 시작하여 탐욕(탐), 미움(진), 무지(치)의 정신적인 활동을 줄이는 방법을 통해 더 큰 개인적인 자유를 개발합니다. 그들이 두 번째 수준을 개발하는 것은 모든 중생들이 전생에 자기 자신의 어머니와 아버지, 사랑하는 사람이었다는 수행을 통해 보편적인 자비를 일으키는 것에 의해서입니다. 마지막으로, 그들이 셋째 수준을 개발하는 것은 자기 자신을 딴뜨라의 만달라 붓다나 붓다 형태로, 세계를 만달라 형태에서 본래의 대락(大樂)과 지혜의 청정한 표현으로 보는 수행에 의해서입니다.

이들 세 수준은 각각 특정한 규범 혹은 계율을 갖고 있으며, 수행에서의 성공은 이들을 세심하게 유지하는 데에 달려있습니다. 인도와 티베트의 문헌은 이들에 관한 긴 목록을 제공하나, 모두 핵심적인 원칙들로 요약됩니다. 첫째 수준에서 규범의 핵심은 언제나 남들에게 해가 되는 몸이나 말, 뜻의 표현을 피하는 것입니다. 둘째 수준에서 핵심적인 규범은 언제나 남들을 위해 자비심을 갖고, 세상에 이익을 주기 위한 수단으로 깨달음을 성취하려는 염원으로 지시받으며, 6바라밀 수행으로 지원받으라는 것입니다. 마지막으로, 딴뜨라 길과 연관된 규범의 핵심은 언제나 자기 자신과 남들을 대락으로 가득 찬 만달라 붓다로, 세계를 본래의 대락과 지혜의 청정한 표현으로 보는 것입니다.

(보충)   여기서 얘기하는 규범은 결코 우리들을 속박하기 위한 장치가 아니라 우리들을 최상의 상태로 인도하는 지혜와 사랑의 길잡이입니다.

28

얻기는 쉬우나 버리기는 어려운
몸 냄새는 무엇입니까?
그것은 수행자의 삶과는 먼 삶을 사는
사람들로부터 배운 습관들입니다.

불교는 인간의 세계를 깨달음의 과정을 위한 훈련장으로 간주합니다. 중생들이 인간으로 다시 태어나는 것은 배워서 진화하기 위해서입니다. 인간의 환경의 조건들은 피훈련자들의 요구에 적합하게 천년마다 바뀝니다. 긍정적인 업의 바람을 타는 자들이 어느 특정한 때와 장소에 인간으로 태어나는 것은 그들의 요구에 가장 적합한 조건을 만나기 위해서입니다.

현 시대는 깔리유가 (Kaliyuga), "어두운 시대"라 불리는데, 그것은 이 시대에 우리가 당면하는 다섯 가지 험한 조건들 때문입니다. 즉, 생명력이 약하고, 망상과 번뇌가 모든 곳에 지배하며, 시절이 난

폭하고, 현재 환생한 중생들 대부분이 낮은 성격에 속하며, 그릇된 생각과 태도를 진실로 잘못 받아들입니다. 그 결과, 인간사회는 정신적인 성장과 정면으로 반대되고 방해가 되는 사회 구조와, 철학적인 태도와 행동규범으로 가득 차 있습니다.

긍정적으로는, 가장 작은 빛도 단지 모든 것이 너무도 어둡기 때문에 분명히 볼 수 있다는 것입니다. 이것은 마치 촛불의 불꽃이 낮에는 거의 보이지 않으나 밤에는 먼 곳으로부터도 분명히 보이는 것과 같습니다. 마찬가지로, 깔리유가에 태어나서 수행의 길에 들어가는 사람들은 신속하게 목표를 성취하는데, 그것은 그 길 위의 단계들이 쉽게 구별되기 때문입니다.

깔리유가에서 최대의 깨달음의 장애는 사회의 규범을 따르려는 유혹입니다. 왜냐하면 사회는 그릇된 길에 놓여있기 때문입니다. 그래서 11세기 까담빠 스승 돔 뙨빠(Drom Tonpa)는 언젠가 어떻게 하면 깨달음의 길을 가장 잘 따를 수 있느냐는 질문을 받았을 때 이렇게 대답했습니다. "대중들은 거꾸로 가고 있습니다. 만일 그대가 수행을 제대로 하기를 바라면, 먼저 어떻게 그들이 생각하고 행동하는지 보고, 반대의 길로 가는 것을 고려해보시오."

(보충) **탐욕으로부터 벗어난 기쁨**

인간계의 모든 감각적인 즐거움과
천상계의 모든 기쁨은
탐욕으로부터 벗어난 기쁨에 비해.
16분의 1에도 미치지 못한다,

-붓다

29

쉽게 뚫고 들어오나 빼내기는 어려운
날카로운 가시는 무엇입니까?
남들의 마음에 부정적인 영향을 끼치는 저속하며,
남들의 감정에 대해 신경을 쓰지 않는 태도입니다.

우리들 자신이 남들과의 접촉을 통해 부정적인 습관의 생각과 말, 행동을 쉽게 습득하듯이, 우리들의 몸과 말, 마음의 행동도 남들에게 영향을 끼칩니다. 붓다께서 작은 돌을 웅덩이 속으로 던지는 비유를 해주셨습니다. 우리가 하는 모든 것은 파도 유형을 일으켜 천천히 모든 방향으로 퍼집니다. 우리가 남을 해치거나 모욕할 때마다, 그 사람은 마음속에 업(까르마)의 긴장을 지니고 다니는데, 이것이 대상을 기다리다 만나면 거기에 자신을 풀어버립니다.

특히, 우리들 중에서 수행의 길에 오른 사람들에게는 더 큰 책임이 있습니다. 5대 달라이 라마에 의하면 우리는 우리들 자신을 깨달은 분들의 대사로 여기고, 정신적인 존엄과 자비, 지혜를 몸과 말, 마음의 모든 움직임에 가져오도록 노력해야 합니다. 그러면 우리는 평화와 행복의 빛을 모든 다른 촛불들에게 전하는 촛불과 같아집니다. 그렇지 않으면, 우리는 계속해서 문제의 일부가 되고 해결책의 일부가 되지 못하며, 문제를 일으키는 에너지를 퍼뜨리고 치유 에너지를 퍼뜨리지 못합니다.

13대 달라이 라마가 말했습니다. "우리는 어떤 사람에게 백 번 좋게 대할 수 있으나, 만일 단지 한 번만 그들을 모욕하거나 해치면, 그들은 백 번의 친절은 빨리 잊고 그 한 번의 모욕을 오랫동안 기억합니다. 그러므로 언제나 남들을 대할 때 정신을 똑 바로 차려야 합니다."

30

우리들을 다양한 고통의 영역으로 인도하는
항해사는 누구입니까?
우리들을 삼악도(지옥계, 아귀계, 축생계)로
데려가는 업(까르마)과 번뇌의 힘입니다.

깨달으신 후 붓다의 첫 가르침은 네 가지 성스러운 진리(四聖諦사성제), 즉 괴로움, 그것의 원인, 해탈과 해탈로 이르는 길에 관한 것이었습니다. 이들을 여기에 일어나는 순서대로라기보다, 우리가 인식하는 순서대로 열거합니다. 다시 말해, 먼저, 우리는 고통(苦고)을 봅니다, 그리고 다음에는 그것의 원인(集집)을 찾아봅니다. 마찬가지로, 먼저 우리는 해탈의 원칙(滅멸)을 이해하고, 해탈로 이르는 길(道도)을 찾아봅니다.

이들 네 가지가 펼쳐지는 순서는 다릅니다. 여기에 먼저 우리는 고통의 원인을 만들고, 그리고 때로는 나중에 그 원인의 결과를 경험합니다. 그리고 먼저 우리는 해탈로 이르는 길을 개발하고, 그리고 우리들의 노력의 결과로 우리는 해탈을 경험합니다. 붓다께서는 씨를 뿌리고 수확하는 농부의 예를 들으셨습니다.

모든 고통의 원인들은 두 가지, 즉 업과 번뇌입니다. 까르마(karma)는 문자 그대로 "행동"을 뜻합니다. 그러나 이것이 의미하는 것은 우리가 생각하거나 말하거나 행동할 때마다 우리는 마음속에 기억[업]의 습기를 만든다는 것입니다. 이 습기는 그 행동의 성격에 일치하는 울림을 가져오고, 이것이 또 펼쳐지는 결과를 기르는 에너지장을 내보냅니다. 간단히 말해, 부정적인 업의 습기는 고통을 가져오고, 긍정적인 것은 행복을 가져옵니다.

우리가 이전에 게송 4로부터 9에서 보았듯이, 번뇌는 왜곡된 정신적 그리고 / 혹은 정서적 마음상태를 가리킵니다. 이들은 부정적인 업의 습기에 의해 장려되고, 또 하나의 습관이 빠르게 같은 것을 더 가져온다는 의미에서, 추가적인 부정적인 업의 습기가 펼쳐지는 것을 촉진합니다. 간단히 말해, 아무 부정적인 업의 에너지나 번뇌가 없을 때는 아무 고통의 원인들이 경험되지 않습니다.

31

밤낮으로 우리들에게 고통을 주는
눈에 보이지 않는 질병은 무엇입니까?
그건 계속해서 노쇠해지는 것과 건강과 젊음이
쇠퇴하는 것을 지켜보는 질병입니다.

참된 수행의 경험으로 들어가는 열쇠는 깨닫지 못한 존재의 실망스런 성격에 대한 이해입니다. 이것은 붓다 자신이 젊은 시절에 범부(凡夫)의 삶을 버리고 초월적인 세계를 추구한 데에 잘 나타나있습니다. 그는 젊은 전사(戰士) 왕자로 호화로운 환경에서 살며, 추한 세계의 공포들로부터 단절되어있었습니다. 그러다가 우연히 궁전으로부터 나들이할 때 먼저 그는 병든 사람을, 그러고는 늙은 사람을, 다음에는 시체를 보았습니다. 이들 셋은 모두 고통과 불행으로 일그러져 있었습니다. 마지막으로 그는 늙은 성인(聖人)이 앉아서 깊이 명상하는 것을 보았는데, 그의 표정은 평화와 행복을 발산했습니다.

이들 네 가지 징표를 목격한 결과 그는 성인(聖人)의 길을 가기로 결심했고, 그 후 곧 궁전을 떠나 수행의 지식을 탐색했습니다. 이 탐색으로 그는 많은 스승들을 만나 많은 수행 방법들에 대해 실험하여, 마침내 깨달음을 성취했습니다. 그는 다음 45년 동안 널리 가르치고, 그러고는 깨달음의 희열의 영역으로 들어갔습니다.

일반인들은 몸에 집착하고 그들의 행복은 신체적인 활력에 좌우됩니다. 생명이 지나가고 노령이 시작되면, 그들의 내면의 활력과 기쁨도 사라집니다. 결국 그들은 허약과 절망 속에서 죽습니다.

반면에 깨달음을 성취한 성인은 아름답게, 우아하게 늙습니다. 왜냐하면 그는 불멸의 지혜의 핵심에 도달하여, 그것과 동일시하고, 끊임없이 쇠퇴하는 신체와 동일시하지 않기 때문입니다. 그는 몸을, 마음을 지혜로 데려다줄 수 있는 소중한 수단으로 보지, 단순히 세속적인 경험의 도구로 보지 않습니다.

(보충) 우리는 동일시하는 대상과 같아지므로 대상선택에 주의해야 합니다.

한 순간 성인(聖人)과 동일시하면 한 순간 우린 성인이 되고
한 순간 범부(凡夫)와 동일시하면 한 순간 우린 범부가 되며
계속해서 성인과 동일시하면 우린 계속해서 성인이 되고
계속해서 범부와 동일시하면 우린 계속해서 범부가 됩니다.

32

모든 중생들을 도살하는
주 집행관은 누구입니까?
그건 온 세상에 대한 지배권을 가진
무서운 염라대왕입니다.

대부분의 티베트 사찰의 입구 방은 "삶의 바퀴"로 알려진 그림(윤회도)으로 장식되어있습니다. 이 그림이 묘사하는 것은 무서운 인물, 염라대왕인데, 그는 입에 지구를 물고 있습니다. 이 지구 내부에는 범부의 환생의 여섯 영역(六道육도)인 지옥계, 아귀계, 축생계, 인간계, 수라계, 천상계가 그려져 있습니다. 이것이 상징하는 것은 모든 중생들은 가장 낮은 지옥중생들로부터 가장 높은 천신(天神)에 이르기까지 무상과 노쇠, 죽음의 법칙의 지배를 받는다는 것입니다. 모든 여섯 영역은 일시적인 존재 상태이고, 그 영역으로 가게 한 업의 힘이 소진되면 죽은 뒤에 다른 곳에 환생합니다. 윤회도에는 일반적으로 옆쪽으로 떨어진 곳에 붓다나 보살상이 있는데, 그는 한 손을 위로 가리켜서, 범부의 환생을 초월하기 위한 깨달음의 길을 상징합니다.

1대 달라이 라마가 글에서 썼습니다, "이생에서 우리가 밟는 단계는 많으며, 우리는 언제나 내면 깊이 불성(佛性)을 지니고 있습니다. 허나 우리가 부정적인 마음이 일어나는 것을 허용할 때 우리는 그것을 거의 주목하지 못합니다. 그대가 최우선적으로 여기는 것을 불멸의 감로수, 세간(윤회)과 출세간(열반)을 이해하는 지혜로 삼으세요."

다시 말해, 우리가 죽음을 초월하는 힘은 지혜 자체입니다. 그리고 물론 지혜조차 범부의 환생의 경험이라는 점에서 죽음을 제거할 뿐입니다. [세속적으로는] 지혜로운 사람도 늙고 죽습니다. 단지 그들은 더 고상하게 그렇게 할 뿐입니다.

33

세상의 모든 중생들 중에서
누가 가장 깊이 고통을 겪습니까?
그건 자제력이 없고
번뇌에 압도당하는 사람들입니다.

일반적으로 말해서 사람들은 언제나 두 가지 유형의 마음 상태 중 하나에 놓여있는데, 그것은 "타자에 지배되는"(other-powered) 것과 "자신에 지배되는"(self-powered) 것입니다. 앞의 것이 가리키는 것은 우리가 마음을 긍정적인 영역에 유지하지 않아서, 그 결과로 왜곡된 정서적 혹은 인지적 상태에 지배받을 때이고, 뒤의 것이 가리키는 것은 우리가 수행의 방법들의 이용을 통해서 마음을 집중할 때입니다.

또 우리는 이렇게 말할 수 있습니다. 두 가지 유형의 중생들이 있는데, 하나는 주로 부정적인 마음상태의 지배를 받아 주로 "타자에 지배되는" 사람들이고, 주로 수행의 힘의 지배를 받는 사람들은 주로 "자신에 지배되는" 사람들이라고 말입니다. 둘 중 둘째 분들은 거친 망상과 시달리는 감정을 제거하고, 지혜의 타고난 씨앗을 불러일으킨 사람들입니다. 그래서 그들은 자신들의 운명의 고삐를 자신들의 손에 잡고 있습니다.

왜곡된 마음상태와 시달리는 감정은 일차적인 내적인 요소들인데, 이것들이 외적인 행동을 일으켜서 자신과 남들에게 불행을 가져옵니다. 분노, 애착, 질투, 편파적인 태도 등 때문에 우리는 주어진 순간의 동력을 잘못 판단하고 몸과 말, 마음의 변화를 이루는 에너지의 흐름을 오해합니다.

이에 대한 치료법은 부정적인 마음을 길들이고 지혜를 일으키는 것입니다. 그러나 이들 목표는 쉽게 또는 빨리 성취되지 않습니다. 그러므로 깨달음의 길에 들어선 사람들은 자제력에 의지해야 합니다. 우리는 언제나 분노에서 벗어날 지혜를 갖고 있지 않으나, 자기 억제의 의지력을 통해 우리는 분노에 기반을 둔 행동은 삼갈 수 있습니다. 마찬가지로, 우리는 편견에서 벗어난 지혜는 아직 갖고 있지 않으나, 자제를 통해 남들의 일에 간섭하지 않을 수는 있습니다.

자기 자신을 개발하지 않은 사람들은 거의 언제나 타자에 지배되는 상태에 놓여있습니다. 우리가 더 많이 개발되면, 우리는 그만큼 덜 타자에 지배되는 상태에서 시간을 보내고, 더 많은 시간을 자신에 지배되는 상태에서 보내다가 마침내 초월적인(해탈의) 지혜를 얻어 영원히 자신에 지배되는 상태를 유지하게 됩니다.

(보충) 한 순간의 선택이 우리들의 미래를 결정해줍니다.

   분노도 한 순간,
   자제도 한 순간

   허나 이들 둘 사이의 차이는
   지옥과 낙원이 될 수 있습니다.

34

이 세상 모든 사람들 중에서 누가
가장 나쁜 사람입니까?
그건 자신의 힘과 지배력을 수단으로
이용하여 남들을 해치는 사람들입니다.

우리는 흔히 지배력을 부유하고 강한 사람들의 문제로만 생각하지만, 사실은 모두가 어느 정도까지는 이 문제를 갖고 있습니다. 비록 그것이 우리들의 자식들과 가족들, 그리고 우리와 환경을 공유하는 벌레들에 대한 지배력이라고 해도. 우리가 가진 지배력의 정도에 관계없이, 우리들의 책임은 그것을 지혜롭게 사용하는 것입니다. 요컨대, 그것은 좋은 것과 건전한 것을 증가시키기 위해 이용되고, 자신과 남들의 행복에 이바지하기 위한 수단으로 이용되어야 합니다.

불교에 의하면 우리들에게 힘과 지배력을 제공해주는 이생의 조건들은 선업의 결과로 우리들에게 옵니다. 우리가 이들 조건을 얻은 것은 과거의 노력과 선업을 통해서입니다. 이제 우리가 노력의 결과들을 갖고 있으므로 우리는 주의해서 이들을 이용해야 합니다. 왜냐하면 이들은 또한 미래의 수확의 씨앗이기 때문입니다. 우리는 움직이기 시작한 긍정적인 에너지를 강화함으로써 긍정적인 눈덩이 효과를 만들 수 있습니다. 그렇지 않으면 우리는 그것을 비틀어서 그 에너지가 자신에게 되돌아오게 하여, 그것의 움직임을 뒤집어놓을 수 있습니다. 어떤 12세기 까담빠 라마가 말했듯이, 우리가 우리들의 긍정적인 내부나 외부의 조건들을 잘못 사용하면, 우리는 "축복을 가져와 그것을 저주로 만듭니다."

쫑카빠 대사가 언젠가 말했듯이, "낮은 인품의 사람들이 권력을 얻으면 그들은 오만해지고 해를 끼치지만, 반면에 높은 인품의 사람들이 권력을 잡으면 그들의 겸손함과 보편적인 책임감은 증가할 뿐입니다."

(보충) 가해자는 남에게 해를 끼칠 뿐만 아니라 자기 자신에게는 더 많은 해를 가져오므로 모든 가해자는 가장 큰 피해자라는 것을 잊지 말아야 합니다.

35

이 세상 모든 사람들 중에서 누가
가장 큰 손해를 보는 사람입니까?
그건 거짓되게, 그리고 인과의 법칙에
어긋나게 사는 사람입니다.

2대 달라이 라마가 말했듯이, "모든 것은 궁극적인 성품으로 공성(空性)을 갖고 있으며, 아무것도 독립적이거나 진실하거나 고유한 존재를 갖고 있지 않습니다. 그러나 관습적인 현실의 차원에서는 대상이 마음에 나타나고, 원인과 결과의 법칙에 따라서 기능합니다."

인과법칙은 단기적인 수준과 장기적인 수준 양쪽에서 작용합니다. 다시 말해, 우리가 몸과 말, 마음을 통해 하는 행동은 우리가 사는 이 생에 당장 영향을 끼치는데, 이 영향을 우리는 물질적으로, 심리적으로, 사회적으로, 금전적으로 경험합니다. 그러나 그들은 이것을 넘어, 마음에 기억의 씨앗[習氣습기]을 남기는데, 이것들이 결국은 본능이 되고 조건을 만드는 요인들이 됩니다. 이것들은 마음의 흐름을 타고 내생으로 전달되어, 마음의 추진력으로 작용하며 우리들의 진화와 환생, 그 환생에서 주도적인 마음과 몸의 조건들에 영향을 미칩니다. 이것은 깨달음을 얻을 때까지 계속되는데, 깨달음을 얻으면 업과 번뇌의 힘은 완전히, 그리고 영원히 초월됩니다.

초기 까담빠(Kadampa) 스승들이 말했습니다. "우리가 알 수 있는 모든 것들 중에서, 가장 중요한 것은 인과의 법칙의 성격입니다. 이것이 모든 다른 분야에서의 성공의 열쇠입니다."

(보충) 우리가 인과법칙에 대해 반드시 기억해야 하는 것은 좋은 원인은 좋은 결과를, 나쁜 원인은 나쁜 결과를 가져오며, 자기가 한 행동의 결과는 반드시 자기가 받는 다는 것입니다.

(보충) **기도가 이루어지는 까닭**

모든 것은 조건(간접적인 원인: 緣연)에 좌우되고,
열렬한 서원(직접적인 원인: 因인)의 뿌리 안에 놓여있네.
무슨 기도를 어떤 사람이 하든,
같은 결과를 틀림없이 수확할 수 있네.

-아미타불

남들이 고통에서 벗어나기를 바라고 그들이 행복하기를 바라는 기도는 자기 자신도 고통에서 벗어나게 해주고 자기 자신도 행복하게 해줍니다. 우리가 껴안는 남들의 고통이 엄청난 축복이 되어 우리들에게 돌아오는 것입니다.

(보충)　　　모든 상황(벌어지는 일)은 의도(소원)한 순간에
　　　　　　형성된 협동적 원인들로부터 나온다.
　　　　　　누구에게나 일어나는 행운의 원천은
　　　　　　그 자신의 과거의 소원이다.　　　　　　　-아미타불

모든 조건을 초월하는 경지에 오르기 전까진 좋은 조건을 우리 스스로 만들 수밖에 없습니다!

인과의 법칙: 좋은 의도→ 좋은 결과

*

(보충)　　　좋은 의도로
　　　　　　한 사람은
　　　　　　자기 신발을
　　　　　　부처님의 머리에 얹었네.

　　　　　　또 한 사람은 좋은 의도로
　　　　　　그걸 치웠네.
　　　　　　둘 다 나중에
　　　　　　왕으로 태어났네.　　　　　　　　　-어느 경전

36

**누가 자기 자신을 이 세상 모두의 노예로
기꺼이 만들겠습니까?
그건 자신감이 없고
약한 마음을 가진 사람입니다.**

붓다께서 가르치신 대승이 옹호하는 것은 이타적인 행위와 남들에 대한 보편적인 사랑입니다. 이것은 모든 중생들을 여러 과거 생에서 어머니, 아버지, 형제와 자매였다고 생각하고, 자신의 모든 행위를 그들을 위한 행복과 만족의 원천이 되게 하라고 가르칩니다. 2대 달라이 라마가 말했듯이, "우리는 온갖 방법으로 노력하여 남들을 해치는 것을 피하고 대신에 언제나 그들에게 이익이 되어야 합니다."

이것이 보살의 길, 깨달음의 영웅의 길입니다. 그러므로 우리는 육바라밀, 즉 보시, 지계, 인욕, 정진, 선정, 지혜에 따라 실천해야 합니다. 이들 여섯 바퀴의 무게를 운반하기 위해 우리는 마음이 강해야 하고, 흔들리지 않는 용기를 가져야 하며, 깊은 자신감에 의해 뒷받침 받아야 합니다. 육바라밀이 없으면, 남들의 이익을 위한 일은, 쫑카빠 대사가 말했듯이, 하늘을 치는 것이나 마찬가지입니다." 이렇게 해선 어떤 가치 있는 일도 성취되지 않습니다.

티베트 불교의 모든 종파들이 수행자들의 훈련을 시작할 때 도입하는 것은 여덟 가지 여가(8유가)와 열 가지 여건(10원만)을 갖춘 소중한 인간 환생의 성격과 궁극적인 깨달음을 성취할 수 있는 인간의 능력에 대한 수행입니다. 이 단계의 목표는 수련생에게 자신의 무한한 능력을 인식하게 하고, 그리하여 강한 자신감을 불러일으키게 하는 것입니다. 여덟 가지 여가가 가리키는 것은 수행이 어렵거나 불가능한 조건들로부터 벗어난 때와 곳에 태어난 것이고, 열 가지 여건이 가리키는 것은 깨달음의 전통이 존재하는 때와 곳에 태어나고, 깨달음의 길에 종사하려는 깨달음의 성향을 갖고 있는 것입니다.

붓다께서 말씀하셨습니다. "너희들은 너희들 자신의 구원자다. 어떤 다른 사람이 너희들을 구원할 수 있겠느냐?" 우리는 함께 사는 세계에서 살고 있습니다. 그러므로 우리가 우리들 자신의 상황에 대한 책임을 지는 법을 배우지 않으면, 우리들의 삶은 언제나 우리 주변을 지배하는 조건에 대한 반응에 불과할 것입니다.

진정한 자신감의 탄생이 진정한 성공의 시작입니다. 왜냐하면 그 순간부터 우리는 우리들 자신의 배의 항해사가 되고, 사회의 바람이 우리들을 밀어 붙일 때마다 단지 이리저리 날려 다니지 않게 되기 때문입니다.

(보충) 가장 큰 깨달음과 행복으로 인도해주는 것은 최고의 지혜와 가장 큰 자비와 무한한 힘입니다. 수행은 지혜와 자비뿐만 아니라 이 둘을 실천할 수 있는 엄청난 힘도 길러줍니다. 이 세 가지(무한한 지혜와 사랑, 힘)가 깨달은 분들의 세 가지 자산입니다.

부처님의 마지막 충고:

"열심히 노력하여 너희들 자신을 구원하라."
Work hard to gain your own salvation.

37

세상 사람들로부터 누가 가장
많이 조롱을 받습니까?
그건 세속적인 지위를 잃을 때
또한 수행적인 사고방식도 잃는 사람들입니다.

붓다께서 네 가지 성스러운 진리(사성제) - 즉 고통, 그것의 원인, 해탈과 그 길, 혹은 성인(聖人)들이 보는 대로의 네 가지 진리 -를 가르치셨을 때 그는 해탈로 이르는 길이 성인들이 걷는 여덟 가지 길(八正道팔정도) - 바른 견해, 바른 이해, 바른 말, 바른 행동, 바른 생계, 바른 염원, 바른 억념, 바른 삼매 - 라고 말씀하셨습니다.

우리들의 세속적인 지위는 우리가 물질적으로 자신과 남들의 안녕에 이바지하는 직업으로서 바른 생계의 실천으로 간주돼야 합니다. 일부 사람들에게 이것은 상당한 부와 권력과 권위를 의미할 것입니다. 그러나 외부 환경은 언제나 불안정한 것입니다. 변하는 정치적인 조건에 의해 왕들은 죄수나 심지어 노예로 전락할 수 있고, 부자는 거지로 전락할 수 있습니다. 이런 일은 역사상 수없이 일어났습니다.

그러나 확고하게 팔정도에 기반을 둔 사람에게 외부 변화는 재난적인 것으로 인식되지 않습니다. 윤회세계의 불안정한 성격, 무상 등에 대해 수행했기 때문에, 그런 사람은 세속적인 지위의 하락에 힘과 용기로 대합니다. 더욱이, 세속적인 지위는 팔정도 가운데 하나에 불과하고, 나머지 일곱의 힘이 생업상의 변화를 우아하고, 침착하게, 위엄 있게 받아들일 수 있게 해줍니다.

지혜로운 사람은 자신의 생계를 단지 외적인 무대로 보고, 자신과 남들에게 이익을 주기 위해 그 역을 합니다. 무대가 바뀌고 다른 역이 요구되면, 그는 그 역을 해냅니다, 마찬가지 헌신과 열정, 유머를 갖고 말입니다.

38

> 세상 사람들 중에서 능숙한 상인에
> 불과한 사람은 누구입니까?
> 그건 보시하면서 대가를 바라는
> 후원자입니다.

세계의 대부분의 종교적인 전통들은 보시의 실천을 옹호합니다. 예수께서 말씀하셨듯이, "주는 것이 받는 것보다 더 좋습니다." (하루 동안 시험 삼아 구걸하고 다음에는 하루 동안 보시해보고, 이들 둘 중에서 당신은 어느 것을 선호하는지 알아보십시오.)

그러나 보시 행위가 수행적인 것이 되는 것은 오로지 그것이 청정한 마음으로 행할 때뿐입니다. 다시 말해, 그것의 목표는 받는 사람에게 이익을 주는 것이어야 하고, 그것은 자기 자신에게 이익을 주기 위해 조종하는 도구로 이용되어서는 안 됩니다.

공적인 인정, 받는 사람의 애정 같은, 어떤 것을 대가로 얻기 위해 주는 것은 단지 자기 자신의 세속적인 관심사에 대한 투자에 불과하고 전혀 아무 수행적인 가치가 없습니다. 그것은 주식과 채권을 사거나 이런 저런 사업에 투자하는 것과 다르지 않습니다. 그렇게 하는 것은 해로운 것은 아니지만 수행 면에서는 중요하지 않습니다.

이것은 세속적인 수준에서입니다, 궁극적인 수준에서 보시가 수행이 되는 것은 오로지 세 가지 영역, 즉 주는 사람과 주는 물건, 주는 행위가 공(空)하다는 것[이것을 三輪淸淨삼륜청정이라 함]을 이해하는 지혜를 갖고 할 때뿐입니다. 이것이 둘이 아닌(不二불이의) 지혜에 의해 승화된 보시이고, 에고-집착에서 벗어난 보시입니다.

(보충) 청정한 행위의 공덕은 무한합니다. 그것은 무한한 공성의 지혜에서 나오기 때문입니다.

39

이 세상 모든 사람들 중에서
누가 가장 가난한 사람입니까?
그건 자기 재산에 너무도 탐착하기 때문에
만족을 모르는 사람입니다.

우리가 사는 곳은 무한한 풍부의 세계인데, 여기서 부(富)는 상대적인 것입니다. 백만 달러가 어떤 사람에게는 거금이지만, 어떤 사람에게 그것은 품위 있는 집 한 채를 사기에도 충분하지 않습니다. 억만장자가 백만장자로 전락한다면 그는 절망적인 빈곤감 때문에 자살할 수도 있으나, 반면에 일반인은 몇 천 달러를 얻으면 한없는 기쁨을 느낄 것입니다.

부의 진실은 소유물에 대한 우리들의 태도가 소유물 자체보다 더 중요하다는 것입니다. 소유물이 우리들을 더 부유하게 혹은 더 가난하게 만드는지를 좌우하는 것은 그것들에 대한 우리들의 태도입니다. 부유하다는 느낌의 힘은 부 자체에 있는 것이 아니고 우리들 자신의 마음속에 있습니다. 우리가 가진 것을 어떻게 이용하는지가 우리가 가진 것보다 더 중요합니다.

초기 까담빠 스승들이 말했습니다. "만일 그대가 인색한 마음과 낙타 한 마리를 갖고 있다면, 그대는 낙타 한 마리의 두통을 갖습니다. 만일 그대가 인색한 마음과 낙타 백 마리를 갖고 있다면, 그대는 낙타 백 마리의 두통을 갖습니다."

가난한 사람이 자기가 가진 얼마 안 되는 소유물에 대해 긍정적인 태도를 갖고 있다면 그는 부유하며, 그는 행복하게 살면서 그의 부를 이용하여 자신과 남들에게 이익을 줍니다. 반면에 부유하지만 자신의 재물에 지나치게 탐착하는 사람은 가난하며, 그의 재물은 자신에게도 남들에게도 행복을 주지 않습니다…

(보충) 인색한 사람은 살아서도 불행할 뿐만 아니라 죽은 뒤에는 아귀로 다시 태어날 가능성이 많습니다. 마음이 넉넉한 사람 - 그가 진짜 부자입니다.

40

누가 자기가 만나는 모든 사람들의 마음을
가장 많이 전염시킵니까?
그건 해치려는 의도를 갖고 있으나
부드럽고 간교한 말을 하는 사람들입니다.

불교는 몸과 말, 마음을 모든 우리들의 업의 에너지가 통과하는 세 개의 문이라고 말합니다. 마음이 이들 셋 중에서 가장 중요합니다. 왜냐하면 그것이 몸과 말의 모든 행동의 질을 결정하기 때문입니다. 다시 말해, 우리가 몸과 말로 하는 행동은 마음에 의해 긍정적이거나 부정적인 질이 주어집니다. 겉으로 보기에 부정적인 행위도 지혜와 자비심에서 했다면 실제로는 긍정적입니다. 반면에 겉으로 보기에 긍정적인 몸과 말의 행동도 그것을 행한 마음이 부정적인 의도를 갖고 있다면 실제로는 부정적인 것입니다.

7대 달라이 라마는 여기에서 해치려는 의도를 갖고 하는 부드럽고 간교한 말은 전염병과 같다고 합니다. 전염병을 가진 사람이 자기와 접촉하는 사람들을 감염시키듯이, 부정적인 것과 혼란은 달콤한 말을 통해 가장 쉽게 전파됩니다. 다시 말해, 세상에는 부정적인 의도를 갖고 하는 교묘하고 듣기 좋은 말이 끼치는 해가 부정적인 의도를 갖고 하는 불쾌한 말에 의한 해보다 더 많습니다. 왜냐하면 거기에 들어있는 부정적인 의도가 매력적으로 포장되어있기 때문입니다. 우리는 불쾌하고, 퉁명스런 말에서는 부정적인 것을 언제나 알아볼 수 있고, 그래서 쉽게 거기로부터 달아날 수 있으나, 교묘하게 달콤하게 전달되는 악으로부터의 위험은 피하기가 더 어렵습니다.

(보충) 남을 해치려는 의도는 피해자에게보다 가해자 자신에게 더 많은 해를 끼칩니다. 그러므로 진정한 피해자는 가해자 자신이라는 것을 누구나 잊지 말아야 합니다. 게다가 자신의 목적을 성취하기 위해 간교한 수단까지 이용한다면 그가 받을 악업은 더욱더 커질 것입니다. 악으로 얻을 수 있는 것은 고통뿐입니다. 선만이 행복을 가져옵니다.

41

세속적인, 윤회하는 사람들에게
누가 가장 아름다워 보입니까?
그건 달콤하게 행동하고
캔디 같은 말을 하는 사람들입니다.

여기에서 7대 달라이 라마는 대부분의 사람들의 잘 속는 점을 거의 비웃는 것 같습니다. 왜냐하면 그들은 일반적으로 내용보다 스타일에 관심을 기울이니까요. 달콤하게 행동하고 캔디 같은 말을 하는 사람들을 액면 그대로 사람들이 받아들이니까, 그들은 대중들을 쉽게 조종합니다. 그들의 더 깊은 동기를 사람들은 거의 검토하지 않기 때문입니다. 그들은 어부와 같습니다. 왜냐하면 그들은 매력적인 먹이를 갈고리에 걸어 먹이를 잡으니까요.

여기 그의 말은 그러므로 경고입니다. 우리는 피상적인 것들에게 속임을 당하는 마음을 점검하는 것을 배우고, 건전하게 의심하는 습관을 길러야 합니다. 붓다께서 권장하셨습니다, 우리는 모든 말에 주의하고, 우리가 듣는 모든 것을 이성과, 상식, 개인적인 경험에 따라 검사해보라고. 우리가 그렇게 하지 않을 때 우리는 우리들 자신을 속임수에 취약하게 만듭니다. 우리가 남들에게 속임을 당하고 조종당하면 그 책임은 우리들 자신에게만 있는 것입니다.

이 게송은 달리 해석될 수도 있습니다. 일반인들은 스타일(껍데기)에만 반응할 수 있을 뿐, 내용(알맹이)에 대한 인식이 거의 없습니다. 사정이 이러하므로, 만일 남들이 우리들을 좋아하고 고맙게 여기기 바란다면 우리는 우리가 그들에게 하는 하나하나 말과 우리가 말하는 방법에 주의를 기울여야 한다는 것입니다.

(보충) 진실로 아름다운 사람은 마음이 아름다운 분 - 이런 아름다움은 변하지 않은 지혜와 사랑의 빛입니다.

42

세상의 모든 사람들 중에서
누가 가장 헛된 사람입니까?
그건 자신의 부와 친구들을 단지 외적인
장식물로 이용하는 사람들입니다.

　불교수행의 핵심은 자기중심주의와 가짜 자아를 초월하는 것입니다. 우리들의 부는 세속적인 방법으로도 수행적인 방법으로도 자신과 남들에게 유익하게 사용해야 하는데, 세속적인 방법은 수행적인 방법에 도움이 되는 것으로 보아야 합니다. 후자는 결코 전자를 높이기 위해 희생되어서는 안 됩니다, 왜냐하면 이것은 양쪽으로부터 진정한 의미를 빼앗아 버리고, 그리하여 자기-패배적이니까요.

　친구들은 우리가 긍정적인 업의 연관을 공유하는 사람들로 보아야 합니다. 우리들의 우정은 깨달음의 길에 대한 공동의 축하가 되어야 하는데, 강한 역점은 서로의 이익과 성장에 두어야 합니다.

　부와 우정의 기반이 언제나 이러한 깨달음을 지향하는 확고한 터전 위에 유지될 때 그들은 언제나 자신과 남들에게 모두 유익할 것입니다. 반대로, 그것들이 에고(ego) 충족이라는 헛된 목적을 지향할 때 그것들은 세속적이나 수행적인 분야 어느 쪽에서도 거의 결실을 맺지 못하고, 세속적인 차원에서나 초월적인 차원 어느 쪽에서도 행복을 가져오지 않습니다.

(보충)　자기중심주의나 이기주의는 자기의 세계를 지극히 좁히지만 모두를 위하는 마음은 자신의 세계를 무한히 확장해줍니다.

　자기가 만든 가짜 자아(ego)가 주는 것은 가짜 행복이지만, 자기 내면의 진짜 자아(불성)는 진짜 행복, 완전한 깨달음의 행복으로 인도합니다.

43

무엇이 무수한 고통의 화살의
과녁입니까?
그건 작은 시련조차 견디지 못하는
마음의 기질입니다.

깨달음의 길은 삶이 우리들에게 던지는 시련과 도전에 직면했을 때 정신적인 힘과 유머[여유]를 실천하는 것을 옹호합니다. 우리가 받는 가르침에 의하면 우리가 겪는 모든 어려움, 시련과 도전들은 우리들이 우리들 자신에 대해 더 많이 배우고 내면의 안정과 용기면에서 성장하도록 돕기 위해 보내진 스승들입니다. 우리가 만나는 모든 어려움들에 대해 남들에게 책임을 전가하는 것은 개인적인 행복의 성취에 대한 약하고 비효율적인 방법으로 간주되며, 개인적인 성장과 만족보다 실망과 불행을 초래합니다.

인도의 스승 샨띠데와가 말했습니다, "한 사람이 무지해서 어떤 사람을 해치고, 또 한 사람은 무지해서 화를 냅니다. 무엇이 한 사람은 잘못이 없게 만들고 다른 사람은 잘못이 있는 사람으로 만듭니까?" 다시 말해, 어떤 사람을 해치는 원인은 지혜의 부족이고, 자기를 해친 어떤 사람에게 화를 내는 것의 원인도 마찬가지로 지혜의 부족입니다. 어째서 우리가 어느 쪽을 받아들이게 허용해야 합니까? 둘 다 무지를 반영하는데 말예요.

샨띠데와는 다음과 같은 희망의 말을 제공합니다, "익히기에 의해 쉬워지지 않는 것은 아무것도 없습니다. 작은 어려움들에 대해 인내를 실천하십시오, 그리하면 차츰 더 큰 도전들에 대해서도 인내하게 됩니다."

우리가 시련과 도전에 부딪쳤을 때 마음이 화를 내게 허용하면, 우리는 문제를 성공적으로 해결할 수 없을 뿐만 아니라, 게다가 우리는 미래에 더 실패할 가능성이 있는 마음의 기반을 마련하는 것입니다.

(보충) 화를 내는 순간 지혜와 사랑이 작용할 마음공간이 사라지고 고통이 시작됩니다!

44

가장 힘센 사람조차 넘어뜨릴 수 있는
강한 악마는 무엇입니까?
그건 바른 행동 진로에 대해 결정하지 못하는
주저하고, 우유부단한 마음상태입니다.

우유부단한 마음상태는 20가지 이차적인 번뇌 중의 하나입니다. 이들 20가지는 6개 근본 번뇌와 함께 불교 심리학의 아비달마 가르침에 제시된 51개의 "이차적인 마음(secondary minds)"의 목록에 들어있는 26개의 부정적인 마음상태를 구성합니다. 마음에 관한 이 그림에는 6개의 일차적인 마음(primary minds) - 이것은 5개의 감각적인 의식과 마음의 의식 자체 - 그리고 51개의 이차적인 반응들이 있습니다. 26개의 부정적인 이차적인 마음상태가 "부정적"이라고 불리는 이유는 그것들이 자기와 남들에게 불행을 가져오기 때문입니다.

여기에서 7대 달라이 라마가 우유부단한 마음을 가장 강한 사람조차 넘어뜨릴 수 있는 악마와 같다고 하는 까닭은 우리들의 신체나 마음의 힘이 아무리 크더라도, 우리가 우유부단의 영향 밑에 있을 때 우리는 유령에 사로잡힌 거나 다름없게 되기 때문입니다. 우리들의 좋은 자질은 모두 일시적으로 정지되고, 유령이 떠나거나 그것을 쫓아내기 전에는 그들은 돌아오지 않습니다.

이전의 한 게송에서 7대 달라이 라마는 자신감(self-confidence)의 중요성에 대해 말했습니다. 이것은 주저하고 우유부단한 마음의 반대입니다. 행동하기 전에 생각하는 것은 중요합니다. 왜냐하면 이것은 지혜의 특징이기 때문입니다. 그러나 일단 어떤 특정한 과정을 끝까지 생각해봤다면, 마찬가지로 중요한 것은 결론을 창의적인 행동으로 옮기는 것입니다. 주저하는 것은 우리들에게서 동적인 성취 능력을 빼앗기 때문입니다.

*

(보충) **망설임의 결과**

망설임의 모래밭에,
수많은 사람들의 **뼈**가 놓여있었네.
승리를 앞두고
앉아서 기다리다,
기다리다 죽은 이들의 **뼈**가.

-에반젤린 윌크스

On the sands of hesitation,
Lay the bones of countless millions,
Who at the dawn of victory
Sat down to wait,
And WAITING - DIED!

-Evangeline Wilkes

(보충) 내일은 오지 않을 수도 있습니다.
바로 다음 순간에 우린 다음 생으로
떠나야 할지 모르니까요.
허나 언제 어디서나 우리가 좋은 마음만
유지할 수 있다면 우린 아무것도
두려워하지 않아도 됩니다. 죽음은
삶의 한 과정일 뿐만 아니라
새로운 삶의 시작일 뿐이니까요.

45

남들에게 자신의 열등감을 요란하게
떠들어대는 노새는 누구입니까?
남들에게 자기 자신을 칭찬하며, 이렇게 말하는
사람입니다, "나는 이런 저런 장점을 갖고 있다."

초기 까담빠 스승들이 말했습니다,

"남들의 좋은 점들에 대해서만 말하고, 결코 그들의 단점들에 대해서는 말하지 마십시오. 당신 자신에 대해서는 단점에 대해서만 말하고 결코 장점에 대해서는 말하지 마십시오." 게쉐 뽀또와(Geshe Potowa)도 말했습니다, "당신 자신의 장점은 뒤뜰에 묻어놓은 보물처럼 비밀로 간직하십시오."

7대 달라이 라마는 노새의 이미지를 이용하는데, 이 동물은 시장 가치가 말의 가치보다 훨씬 떨어집니다. 우리는 우리들 자신이 말이나 심지어 그보다 더 낫다고 생각할지 모르나, 우리가 입을 열어 자신을 칭찬하자마자, 누구나 우리가 노새에 불과하다는 것을 압니다.

몸과 말, 마음을 겸손하게 유지하라는 것이 붓다로부터 직접적으로 내려오는 가르침입니다. 그가 말씀하셨습니다, "자기 자신의 장점에 대해 떠들어대는 것은 과대망상증을 가진 사람들에게 남겨두라." 모든 달라이 라마들이 가까운 연관을 갖고 있는 11세기 까담빠 라마들은 이것을 제1원칙으로 만들었습니다. 이 점에서 그들의 방법은 그 당시 티베트 불교의 다른 종파와 크게 대조되었습니다. 왜냐하면 이들은 자신을 높이는 것을 스승으로서 자기 자신을 증진하는 방법들 중의 하나로 보았기 때문입니다. 까담빠 방법은 곧 다른 파가 모방하여 강한 티베트인들의 특징이 되었습니다.

달라이 라마들이 까담빠와 연관을 갖게 된 것은 1대 달라이 라마가 까담빠의 큰 사원 중의 하나인 나르땅에서 일곱 살부터 20대초까지 살면서 모든 그의 기본교육을 받았기 때문입니다.

(보충) 자화자찬은 내면의 부족에 대한 광고일 뿐입니다.
자기 자신을 낮추는 분들을 세상은 높여줍니다. 이런 분들은
내면이 지혜와 사랑으로 충만한 성인(聖人)들이기 때문입니다.

*

주님은 위대하시지만 스스로 작아지셨습니다.
주님은 부유하시지만 스스로 가난해지셨습니다.
주님은 전능하시지만 스스로 연약해지셨습니다.

-프란체스코 교황(Pope Francis)

*

마치 만뜨라처럼 위의 말을 암송하고 또 해보세요. 심오한 마음의 평화, 모든 인간관계의 성공의 비밀을 발견할 수 있을 것입니다.

*

(보충) **까담빠 스승들의 가르침**

그대의 마음을 다르마(the Dharma)에 기반을 두라.
그대의 다르마를 검소한 삶(a humble life)에 기반을 두라.
그대의 검소한 삶을 죽음(death)에 대한 생각에 기반을 두라.
그대의 죽음을 외딴 동굴(a lonely cave)에 기반을 두라.

이것이 많은 수행자들을 깨달음의 행복으로 인도한 아름다운 길입니다.

범부들과 달리, 수행자들은 방해받지 않고 명상에 집중하기 위해 혼자 죽는 것을 선호합니다. 죽은 뒤에 좋은 곳으로 가기 위해 우리들의 장례문화는 개선돼야 합니다. 고인(故人)이 마음의 평온 속에서 좋은 곳을 찾아 다시 태어나는 것을 도울 수 있도록.
(아직 안 보신 분들은 김영로의 『죽음수업』를 보십시오. 죽음에 대한 준비는 선택과목이 아니라 누구에게나 필수과목입니다.)

46

모든 세상 사람들이 싫어하는
경쟁자는 누구입니까?
그건 남들의 존경을 받지 않으면서도
자기 자신을 더 낫다고 생각하는 사람입니다.

비록 우리가 직업과 경제, 연애와 스포츠 등에서 경쟁할 수 있지만, 내면의 인품 면에서는 사람들 사이의 경쟁이 없습니다. 우리들 자신을 남들보다 우월하다고 생각하는 것은 그들로 하여금 우리들을 하위의 인품의 사람이라고 생각하게 만들 뿐입니다.

오만에서 벗어난 겸손은 위대한 사람의 표시입니다. 세상에 오만한 붓다나 성인(聖人) 같은 존재는 없습니다. 오만과 자기-자랑은 깨닫지 못한 사람들의 특징입니다. 이것들은 정신적인 발전을 방해할 뿐만 아니라, 세속적인 차원에서조차 장애물로서 동료들의 마음속에 경멸과 조롱을 불러일으킬 뿐입니다.

티베트의 불교는 "치료법(remedies)"이라는 수많은 사유(思惟) 수행법들을 갖고 있습니다. 수행자는 어떤 특정한 번뇌가 일어날 때마다 특정한 치료적인 사유를 합니다. 자기 자신을 남들보다 우월하다고 생각하는 것은 하나의 그런 번뇌입니다. 자기가 낮고 열등하다고 느낄 때마다, 수행자는 자신의 여러 가지 축복들을 사유하고, 또 자기 자신보다 하위의 상황에 놓인 많은 중생들을 사유합니다. 역으로, 자기가 남들보다 우월하다고 느낄 때마다, 수행자는 세상의 모든 위대한 분들을 사유합니다. 이런 식으로 균형 있는 자세가 확립됩니다.

(보충) 몸도 마음도 균형 상태가 가장 안정된 편안한 상태입니다.

47

모든 부정적인 자질들로 이르는 문을 여는
큰 허물은 무엇입니까?
자기 자신을 남들보다 더 소중하게 여기는 것인데,
이것은 비천한 사람들의 특징입니다.

티베트 불교의 모든 종파에 공통적인 로종(Lojong, 문자 그대로 "마음-바꾸기") 수행전통에서 가르치는 것은 자기-중시 태도가 자신과 남들에게 모든 불행과 고통의 원천이라는 것입니다. 자기-중시 태도를 제거하는 것은 행복과 깨달음으로 가는 길에서 필요 불가결한 단계로 생각됩니다.

인도의 스승 샨띠데와가 지적했습니다, "일반인들은 자기들 자신을 남들보다 더 중시합니다. 깨달은 분들은 자기들 자신을 중시하는 것보다 남들을 더 중시합니다. 이들 둘 사이의 차이를 보십시오! 당신은 어느 쪽을 본받아야 한다고 생각하십니까?"

1대 달라이 라마가 충고했습니다, 우리는 다음과 같은 생각을 길러야 한다고: "자기-중시 태도는 나에게 무시이래로 헤아릴 수 없는 고통을 겪게 만들었습니다. 지금도 이것은 계속해서 나를 한없는 고통과 혼란 속으로 끌어들입니다. 그러니 만일 내가 이것을 초월하지 않는다면, 이것은 계속해서 나에게 끝없는 불행을 가져올 것입니다. 그러므로 나는 모든 가능한 노력을 해서 이것을 초월해야 합니다."

쫑카빠 대사가 말씀하셨습니다, "로종 수행의 핵심은 '자타교환'이라고 알려진 마음 바꾸기 수행입니다. 이것이 가리키는 것은 남들이 나 자신이라는 것도, 남들의 눈 등이 나의 것이라고 생각하는 것도 아닙니다. 이것이 가리키는 것은 자기 자신을 남들보다 더 소중하게 여기는 일반적인[범부의] 태도를 남들을 자기 자신처럼 소중하게 여기는 비범한[성인의] 태도와 교환하라는 것입니다."

(보충) 자기 자신은 하나뿐이지만 남들은 무수하므로 그들을 중시하면 무수한 이익을 얻을 수 있습니다.

48

비록 눈에 보이지는 않지만
냄새나는 방귀와 같은 것은 무엇입니까?
그건 숨기려는 노력만큼 분명한
자기 자신의 허물입니다.

일반인들은 자신의 허물은 숨기고 자기들이 생각하는 장점을 보여주려고 합니다. 그러나 우리가 허물을 숨기려고 하면, 그만큼 더 그것은 눈에 띄게 됩니다. 유일한 해결책은 허물을 초월하는 것입니다. 그것이 우리들을 지배하는 한 분명히 그것은 계속해서 나타날 것입니다.

우리들의 허물을 극복하는 첫 단계는 그것이 나타날 때 바로 보고 인정하려는 결심을 일으키는 것입니다. 일반인들은 이것을 하지 않고, 대신에 그것을 자신과 남들 양쪽으로부터 숨기려고 합니다.

물론, 우리들을 당황하게 하는 모든 것이 초월해야 할 허물은 아닙니다. 일반적인 사회 관습이 어떤 때는 우리가 자랑스럽게 여겨야 할

것에 대해 수치스럽게 만들고, 우리가 수치스럽게 여겨야 할 것에 대
해 자랑스럽게 만듭니다. 이런 이유로 중요한 것은 자신의 상황을 면
밀히 검토하고 자신의 수행전통을 당연하게 여기지 말아야 합니다.
그러니 그것이 허물 같아 보이고, 허물 같이 냄새가 나고, 허물 같이
느껴진다면, 십중팔구 그것은 버려야 할 자질일 것입니다.

초기 까담빠 스승들은 다르마를 거울에 비유하고 말했습니다, 수
행자는 이 거울에서 자신의 얼굴을 바라보고 보이는 것에 따라 그것
을 깨끗이 닦아야 한다고.

49

**앵무새처럼 자기 자신의 말하는 능력에
갇히게 되는 사람은 누구입니까?
자신의 말의 영향에 대해 주의하지 않고
함부로 말하는 사람입니다.**

말하고 의사를 전달하는 인간의 능력이 가장 큰 자산 중의 하나로
생각되는 것은 이것을 통해 우리가 매우 효율적인 사회를 조직하고,
또 세속적인 성공과 수행적인 이해 양쪽에 유익한 지식과 정보를 전
달할 수 있기 때문입니다. 다르마, 혹은 깨달음에 도움이 되는 수행
의 지식의 전달에는 두 종류, 전해오는 깨달음의 다르마와 전해오는
구두 가르침의 다르마가 있습니다. 이들 중 두 번째를 가능하게 만드
는 것은 우리들의 말하는 능력입니다.

그러나 우리가 우리들의 말의 힘에 대해 바르게 이해하지 못하면

그것은 이익만큼 많은 문제를 가져옵니다. 남에게 부주의하게 한 말은 빠르게 분노와 미움과 폭력조차 초래할 수 있습니다. 그들은 가족과 친구들 사이에 문제를 가져오고, 국가들 간에도 문제를 일으킵니다. 그러면, 앵무새처럼, 우리는 우리들의 말하는 능력에 의해 갇히게 됩니다.

(보충) 우리가 어떤 말을 하기 전에 잠시 멈추고(이 멈춤이 소중한 지혜의 공간을 마련해줌) 그것이 상대방에게 어떤 영향을 미칠지 생각해본다면 말을 함부로 하지 않을 것입니다.

잊지 마십시오. 남을 기분 나쁘게 하는 말 때문에 우리는 수많은 분들이 목숨까지 잃는 것을 자주 보았습니다.

50

누가, 늙은 개처럼, 잘 대해주면
더 성질이 고약해집니까?
그건 남들이 존경해주면
오만으로 가득 차는 사람입니다.

쫑카빠 대사께서 말씀하셨습니다, "지혜로운 사람은 더 많은 존경을 받으면, 그는 더 깊이 겸손해집니다. 그러나 수행을 하지 않은 사람들은 그 반대입니다. 존경을 받으면 그들의 마음은 자만과 오만으로 채워질 뿐입니다."

또 게쉐 뽀또와가 말했습니다, "정신적으로 미숙한 사람들에게는,

자기 자신의 이름 소리가 칭찬 받는 것을 듣는 것보다 더 큰 즐거움이 없습니다. 그러나 그들에게 이 즐거움은 수저로 독을 받아먹는 것과 같습니다. 이것은 그들을 자만심으로 부풀어 오르게 할 뿐이니까요." 우리는 우리가 칭찬을 받든 비난을 받든 상관하지 말고, 다만 그것을 보고 우리가 한 일에 대한 건설적인 의견을 얻는 것에 만족해야 합니다.

일반적으로 우리는 7대 달라이 라마가 다른 기회에 한 다음 충고를 받아들여야 합니다. "칭찬과 비난의 소리를 마치 당신 자신의 목소리가 동굴에서 메아리치는 소리를 받아들이듯이 받아들이시오." 티베트에서, 과거에 수행자들은 때로는 동굴이나 협곡에 들어가서 번갈아가며 칭찬하는 말과 모욕하는 말을 자기들 자신에게 외치고 나서 그 메아리치는 소리를 듣고 그 칭찬과 비난에 대한 마음의 반응들을 관찰하라는 가르침을 받았습니다.

물론, 지금은 이런 것을 녹음해서 다시 우리들 자신에게 들려줄 수 있을 것입니다.

(보충) 칭찬이든 비난이든 상관하지 말고(이렇게 하면 남의 말에 상처받지 않습니다), 거기에서 자기 자신을 발전시키는 데 도움이 되는 것을 찾아보는 것이 지혜로운 일입니다.

51

행복의 정원을 파괴하는
하나의 잡초는 무엇입니까?
그건 몸과 말, 마음 세 문(三門삼문)의 부정적인 업에
대해 경계하지 않는 마음(mindlessness)입니다.

깨달음의 길에 요구되는 하나의 필요 불가결한 도구가 억념(憶念, mindfulness)입니다. 이 예리하게 집중되어있는 마음의 요소의 존재가 모든 다른 다양한 수행방법의 이용을 가능하게 만듭니다. 이것의 반대인 실념 또는 집중된 의식의 결핍은 우리들이 성취한 모든 것이 슬쩍 달아나게 허용하는 하나의 약점입니다.

깨달음을 위한 수행의 기반은 이 세 문을 통해서 흐르는 에너지의 관찰과 이들이 윤회적인 유형으로부터 깨달음-지향적인 유형으로의 전환입니다. 불교는 이 과정이 계(戒), 정(定), 혜(慧) 삼학(三學)으로 구성되어있다고 말합니다. 계는 이 셋의 기반이며, 이 세 문을 통해 일어나는 전환에 대한 억념에 의해서만 성취됩니다. 이 억념이 삼학을 가능하게 하는 힘입니다. 억념이 그 힘을 유지하지 못하면, 우리들의 수행은 곧 무너져버립니다.

인도의 스승 아쌍가(Asanga)는 수행의 과정을 정원 가꾸기에 비유했습니다. 우리들에게 적절한 양의 물과 햇빛, 비료 등이 있으면 정원은 아름답게 자랍니다. 마찬가지로 깨달음의 수행을 위해 우리들에게 적절한 노력이 균형 있게 있으면, 우리들의 수행의 정원은 잘 자랍니다. 억념은 우리들의 삶에서 일어나는 일을 지켜보고 그리하여 균형을 유지할 수 있게 해주는 힘입니다.

인도의 스승 샨띠데와가 말했습니다. "미친 코끼리는 우리들 자신의 억념의 결핍이 가져올 수 있는 해를 끼칠 수 없습니다."

또 다른 곳에서 7대 달라이 라마가 말했습니다. "억념은 모든 수행상의 성장으로 이르는 문을 여는 마력의 열쇠입니다. 이것의 반대인 실념은 우리들을 혼란과 불행 속으로 더 깊이 끌어넣는 무거운 돌과 같습니다."

(보충) **마음집중은 생사보다 더 중요한 문제**

마음집중(不放逸불방일)은 우리들을 죽지 않게 인도한다.
부주의(방일)는 죽음으로 인도한다. 주의를 기울이는
사람들은 죽지 않을 것이나, 부주의한 사람들은
이미 죽은 거나 다름없다.

어리석고, 무지한 사람들은
부주의한 삶에 탐닉하나, 영리한 사람들은
마음집중을 자신의 가장 소중한 소유물로 지킨다.

-붓다

(보충) **세상에서 가장 아름다운 변화**

전에는 방일하게 행동했으나
나중에 불방일하게 행동하게 된 사람은
구름에서 벗어난 밝은 달처럼 아름답도다.
난다와 앙굴리말라, 아자따샤뚜르와 우다야나처럼.

-나가르주나(Nagarjuna, 용수보살)

52

우리가 지금까지 바라던 모든 것을
잃게 만드는 것은 무엇입니까?
그건 어떤 일도 계속해나가지 못하는
우리들의 마음을 분산시키는 나태입니다.

나태는 소리 없이 인간의 행복을 죽입니다. 나태 때문에 우리는 우리 인생의 소중한 시간을 낭비하고 우리들의 꿈이 우리들 눈앞에서 사라지게 합니다. 그러면 자신도 모르게 우리는 늙어, 죽음의 문턱에서 우리가 되돌아볼 수 있는 것은 텅 빈, 실현되지 않은 삶뿐입니다.

5대 달라이 라마가 글에서 썼습니다, "나태는 가장 큰 도둑입니다. 그것은 우리들의 성공의 열매를 우리가 수확하기 전에 훔칩니다."
나태는 네 가지 주요 힘에 의해 제거됩니다. 이들 중 첫째는 기쁨입니다. 우리가 어떤 것에 대해 그 가치를 알고 기뻐하면, 나태의 여지는 거의 남지 않습니다. 이 기쁨은 세상의 긍정적인 것들에 대한 명상을 통해 불러일으킬 수 있습니다. 둘째 힘은 염원입니다. 우리가 청정하고 기쁜 마음으로 바라면 자연히 나태를 쫓아버리는 창의적인 에너지가 일어납니다. 이 염원은 손 안에 있는 문제의 유익한 성격에 대해 명상함으로써 불러일으킬 수 있습니다. 셋째 요소는 억념입니다. 우리가 몸과 말, 마음을 주의해서 지켜보면, 정진의 힘이 쉽게 유지됩니다. 넷째 요소는 몸과 마음의 유연성입니다. 이들 두 가지 도구를 잘 조율하면, 나태는 자동적으로 사라집니다.

[이 네 가지 힘(기쁨, 염원, 억념, 유연성)이 바로 위대한 성공의 비밀입니다.]

53

어떤 힘이 생명의 채널에 들어가서
마음의 안정을 동요시킵니까?
그건 목적 없는 방향으로 헤매는
마음의 방황이라 불리는 힘입니다.

딴뜨라 불교는 마음이 말을 탄 사람과 같다고 말하는데, 몸의 섬세한 에너지가 말과 같다는 것입니다. [마음은 혼자 움직이지 못하고 몸의 섬세한 에너지에 의지해서 움직입니다.] 말이 불안정하면, 말 탄 사람도 불안정하게 됩니다. 역으로, 말 탄 사람이 불안정하면, 말의 움직임이 동요됩니다.

섬세한 에너지의 흐름은 몸의 중앙 채널(중맥)과 차끄라와 연관되어 있습니다. 7대 달라이 라마는 외부의 힘이 중앙 채널에서 에너지의 흐름을 방해하는 이미지를 사용합니다. 이러한 불안정하게 하는 힘이, 방황하고, 집중되어있지 않은 마음이라고 그는 말합니다. 섬세한 몸의 에너지의 질이 마음에 영향을 미치듯이, 마찬가지로 마음의 흐름도 에너지의 흐름에 영향을 끼칩니다. 악순환이 만들어져서, 이들 둘이 조화롭게 작용하지 못하고 서로에게 불리하게 작용합니다.

명상은 깨달음으로 이르는 길을 성취하는 데에 이용되는 근본적인 도구입니다. 거기에 두 가지 주된 장애는 마음의 방황과 무감각입니다. 수행 초보자에게는 앞의 장애가 더 지배적인 것입니다. 우리가 앉아서 마음을 명상 대상에 둘 때마다, 그것은 곧 다른 방향으로 떠나갑니다. 집중의 부족은 명상에게서 진정한 힘을 빼앗습니다.

마음의 안정과 집중을 높이기 위해 불교의 모든 종파가 이용하는 간단한 일상적인 수행은 조용히 앉아서 숨이 오고 가는 것을 지켜보며, 복부가 일어나는 것과 떨어지는 것과 같은 것을 감시 장소로 사용하는 것입니다. 생각이 일어날 때 주목하고, 그러고 나서 마음을 다시 호흡에 둡니다. 이것을 하루에 한 번이나 두 번 10분이나 15분 동안 하면 마음의 집중력뿐만 아니라 마음의 정서적인 안정도 크게 증가합니다.

54

어떤 간교한 도둑이 우리들의 손에 든
소중히 여기는 보석을 훔칩니까?
그건 깨달음의 수행과 관련해서
이중적인 꼭지를 가진 의심입니다.

의심에는 긍정적인 의미와 부정적인 것 양쪽 다 있습니다. 그것은 우리들에게 친구와 보호자 역할도 할 수 있고, 또 우리들을 창의적인 활동을 하지 못하게 막을 수도 있습니다.

긍정적으로는, 건전한 회의라는 의미에서 의심은 우리들의 선입견과 오해를 부셔버리고, 새로운 관점으로 문을 열어줍니다. 그래서 나가르주나의 위대한 제자 아르야데와(Aryadeva)가 말했습니다. "의심이라는 생각만 해도 윤회의 뿌리는 약해진다." 의심은 사물을 당연하게 받아들이는 마음을 제거하고, 우리들로 하여금 그것들을 새로운 눈으로 바라보게 만듭니다.

부정적인 면에서, 의심은 우리들에게서 정신적인 활력을 빼앗을 수 있습니다. 우리가 만일 사다리의 힘을 신뢰하지 못하면 그 사다리를 효과적으로 이용할 수 없고, 농부가 만일 자연의 힘이 종자를 수확으로 이끌어 준다는 것을 신뢰하지 않으면 봄에 종자를 심지 않겠듯이, 우리가 이 과정에 대해 기본적인 신뢰를 하지 못하면 아무것도 효과적으로 할 수 없습니다.

의심의 이 부정적인 의미의 반대는 신뢰와 자신입니다. 이것은 주의해서 개발해야 하고, 맹신으로 타락하게 허용해서는 안 됩니다. 붓다께서 자기 자신의 가르침에 대해 말씀하셨듯이, "금을 사는 사람처럼 분석해보고, 아무것도 믿고 받아들이지 말라. 잘라보고, 태워보며, 온갖 방법으로 이들 생각들을 시험해보라. 오로지 합당하고 유익한 것만 받아들여라."

7대 달라이 라마는 "이중적인 꼭지를 가진 의심"이라는 표현을 사용합니다, 이것이 가리키는 것은 양쪽 끝이 뾰족하고, 실을 꿸 구멍이 없는 바늘입니다. 이것은 바느질을 위해 사용할 수 없습니다. 마찬가지로, 우리는 깨달음을 위한 수행이라는 천에 양쪽 끝이 뾰족하고 확신의 실을 넣을 구멍이 없는 마음으로 [수행의] 바느질을 할 수 없습니다.

(보충)　　생각해보지 않고 권위를 존중하는
　　　　　것이 진리의 최대의 적입니다. -아인슈타인

55

돌아서서 자신의 동맹군을 파괴하는
미친 코끼리 같은 것은 무엇입니까?
그건 남들에 대해 부정적인 생각과
해로운 태도를 지닌 사람들입니다.

전쟁 코끼리의 한 가지 문제는 만일 그가 평정을 잃고 겁에 질리면, 무엇이든 가까이 있는 것을 공격한다는 점인데, 가까이 있는 것은 일반적으로 아군 병사들입니다. 이것은 분노와 폭력에 지배되는 사람들에게도 똑 같이 적용됩니다. 그들은 흔히 자신들의 분노와 폭력을 자기 가족과 사랑하는 사람들에게 사용하는데, 이들은 실제로 인생에서 자신들의 중요한 동맹이지 적이 아닙니다.

더 큰 의미에서, 모든 중생들은 우리들의 동맹입니다. 그러므로 언제나 자비와 이해심으로만 대해야 합니다. 우리들의 삶은 직접적으로나 간접적으로 모두 남들에게 의존합니다. 우리가 먹는 음식물은 남들이 재배하고, 남들이 운반하고, 남들이 우리들에게 판매한 것입니다. 그들이 우리들을 위해 이것을 하지 않으면 우리는 죽을 것입니다. 마찬가지로, 우리들의 옷과 그것의 재료는 남들로부터 나온 것이며, 우리들의 집과 우리들이 소유한 그 밖의 모든 것도 마찬가지입니다. 우리가 질병에 걸렸을 때 필요한 약도 남들이 만들고, 운반하여, 판매한 것입니다, 우리들의 교육도 남들로부터 나오고, 우리는 언어도 과거 세대의 사람들로부터 물려받습니다.

우리들을 해치려는 사람들조차 우리들에게 큰 이익을 가져올 수 있습니다, 왜냐하면 어려움들을 인내심과 좋은 마음으로 대하는 행위는 중요한 수행이기 때문입니다.

사실, 바르게 보면, 모든 중생들은 우리들에게 이익을 주는 것으로 볼 수 있고, 따라서 우리들의 동맹입니다. 그러므로 우리는 모든 것을 오로지 사랑과 연민, 관용과 존중으로 대해야 합니다.

56

무슨 치명적인 칼이 창의적인 활동의
모든 가지들을 잘라버립니까?
그건 부정(否定)이라는 칼인데, 이것은
존재하는 것의 실재를 받아들이지 않는 것입니다.

철학적인 부정은 행복의 중요한 장애물입니다. 이런 마음가짐은 주어진 상황의 실재(현실)를 인정(認定)하지 않고, 그리하여 거기에 적절한 반응으로 대하지 못합니다.

이런 유형의 부정이 가리키는 것은 우리들의 모든 경험에서 인과성과 그것의 역동적인 존재를 이해하지 못하는 것입니다. 우리들에게 오는 모든 경험은 과거로부터의 서로 연관된 요소들의 결실입니다. 또 그것을 우리가 다루는 방법이 영원히 미래로 뻗어나가는 힘을 만들어냅니다.

붓다께서 말씀하셨듯이, "모든 것은 서로 연관되어있다. 진실로 이것을 보는 사람들은 지혜를 성취한다." 우리가 이 기본적인 원칙을 무시할 때, 우리는 우리들에게 일어나는 일들에 의해 쉽게 혼란에 빠지고, 우리가 그것들을 다루는 방법에서 약해집니다. 더욱이, 우리가 우리들의 삶의 개별적인 순간들에게 그들이 마땅히 받아야 할 관심이나 주의를 주지 않는 것은, 그들이 우리들의 미래를 형성하는 데에 담당하는 중요한 역할을 우리가 보지 못하기 때문입니다.

(보충) 지혜는 현실을 인정하는 데서 시작됩니다. 현실을 인정하지 않으면 거기에 적절하게 대응하지 못할 뿐만 아니라 그것을 깨달음과 행복 자원으로 이용할 수도 없습니다.

57

무슨 어부가 마른, 죽은 강바닥에서
물을 찾으려 합니까?
그건 정신적인(수행상의) 발전을 바라지만
지혜도 복덕도 개발하지 않는 사람들입니다.

이들 두 요소들 – 지혜와 긍정적인 에너지[복덕] – 이것은 "두 자량 (資糧)"으로 알려져 있습니다. 깨달음의 모든 수행들은 이들 두 범주 중의 하나에 속하고, 모든 수행은 이들 두 가지 방법 가운데 하나에 이바지합니다. 우리가 마침내 깨달음을 성취할 때 앞의 것은 바뀌어서 법신(法身), 즉 붓다의 형체가 없는 지혜의 차원이 되고, 뒤의 것은 색신(色身), 즉 화현한 형체의 차원이 됩니다.

"지혜의 자량"의 개발을 가져오는 명상은 모든 것의 불이성(不二性)에 대한, 즉 자기와 현상이 둘이 아니고, 어떤 고유한 존재도 갖고 있지 않다는 데 대한 것입니다. 지혜의 모든 다른 수준들은 이러한 단일한 견해를 그들의 궁극적인 목표로 갖습니다.

"긍정적인 에너지의 자량"은 모든 다른 깨달음의 방법들을 통해 개발됩니다. 가장 높은 깨달음에 대한 보살의 염원이 가장 좋은 그런 방법입니다. 인도의 스승 샨띠데와가 말했듯이, "자비에 기반을 둔 보살 염원이 완전히 통합(체득)되면, 자신의 모든 호흡이 긍정적인 에너지의 위대한 자량(資糧)의 원천이 됩니다."

이들 두 자량은 흔히 하늘을 나는 새처럼 우리들을 깨달음으로 데려다주는 새의 두 날개로 비유됩니다. 양쪽 다 똑 같이 필요한 것은, 새에게 균형을 위해 두 날개가 필요한 거나 마찬가지입니다.

58

더 빨리 올라갈수록 더 빨리 거기로부터
다시 떨어지는 산은 무엇입니까?
그건 힘들여 획득한 만큼 빨리 써버리는
세속의 소유물들입니다.

만일 세계가 황금시대에 들어간다면, 그것은 아마 역사의 지금 기간을 되돌아보면서 재미있어 할 것입니다. 왜냐하면 요즘 사람들의 마음은 전적으로 개인적인 부의 축적에 집착하는 것 같기 때문입니다. 그 결과 우리는 지구에서 자연자원을 빼앗고, 자연환경을 파괴하며, 지구상의 생명의 기반 자체를 약화시키고 있습니다. 불자들이 현 시대를 깔리유가("어둔 시대")라고 부르는 이유 중의 하나는 정도에서 벗어난 탐욕이 너무도 널리 퍼져있어 그것이 당연하게 받아들여진다는 점입니다.

붓다께서는, 대부분의 다른 위대한 종교의 스승들처럼, 물질적으로 검소한 삶을 옹호하셨습니다. 우리에게 필요한 것은 좋은 음식과 괜찮은 집, 충분한 옷, 만족스러운 일자리와 좋은 동반자 관계들입니다. 이 이상 우리들에게 필요한 것은 정신적인 것입니다. 오늘날 대부분의 사람들은 내면의 평화와 행복이라는 보석으로 이르는 문은 닫고, 대신 끝나지 않는 물질적인 축적을 위한 추구에 갇힙니다. 무한한 풍요의 세계에서는, 이것이 끝나지 않습니다.

다른 곳에서 7대 달라이 라마가 썼습니다. "이 몸은 잠시 빌린 것이고, 재물은 남들을 위해 저장해놓은 것입니다. 지금 우리는 이것들을 갖고 놀고 있으나, 곧 이들은 잃어버리고, 잘못 사용되며, 결국은 고통의 원천이 될 뿐입니다."

또 2대 달라이 라마도 글에서 썼습니다. "세속적인 일은, 비록 우리가 한 겁 동안 애쓰더라도, 결코 끝나지 않습니다. 그것들을 당신의 삶의 중심으로 만들지 마십시오. 그러나 깨달음을 위한 수행은 이와 정반대이며, 모든 노력은 그에 상응하는 이익을 가져오고 이 이익은 먼 미래로 뻗어나갑니다"

59

삼계(욕계, 색계, 무색계)를 달리면서 찾아봐도
빈손인 사람은 누구입니까?
그건 무시이래로 윤회의 세계에서 시달리는
약해진 중생들입니다.

이전 게송에서 다룬 것은 물질 문제였는데, "물건"을 모으는 것은 결코 만족을 주지 않고, 결국 사람은 죽고 모든 소유물은 뒤에 남깁니다. 우리들과 함께 계속해서 여행하는 유일한 것은 일생 동안 우리들의 생각과 말, 행동으로 마음의 흐름에 만들어진 내적인 요소들뿐입니다. 물질의 축적이 인생에서 우선적인 것일 때, 우리들의 업은 대체로 부정적이 될 것입니다. 여기서 7대 달라이 라마가 지적하는 것은 이런 무익한 노력은 우리가 그 고리를 끊을 때까지 한 생에서 다음 생으로 계속된다는 것입니다.

중생들이 "약해진" 것은 그들이 악업과 번뇌로 길들여져 와서 앞으로 같은 것을 더 많이 일으킬 성향이 있기 때문입니다. 악업의 힘은 반복의 순환을 지속되게 만듭니다. 그들이 "무시이래로 윤회의 세계에서 시달리고 있는" 것은, 업과 번뇌가 무시이래로 그들을 윤회하게 만들어 왔기 때문입니다.

물론 이 게송으로부터 배워야 할 가르침은 우리가 사로잡혀있는 업과 번뇌의 자기-지속적인 주기를 깨뜨리기 위해 노력하고 해탈을 성취하기 위해 노력해야 한다는 것입니다.

이 해탈이 다음 게송의 주제입니다.

(보충)　　**자기반성자료: 다람쥐 쳇바퀴**

　　비정상: 같은 것을 계속해서 반복하면서도 다른 결과를 기대하는 것　　　　　　　　　　　　　　　　　　　　　　　　　-아인슈타인

　　Insanity: doing the same thing over and over again expecting different results.　　　　　　　　　　　　　　　　-Albert Einstein

이런 모순된 행동에서 벗어나지 않는 한 우린 진실로 행복하기 어렵습니다.
아직도 담배를 태우십니까? 자기 자신의 건강과 행복은 물론 이웃을 생각해서라도 끊을 때가 되지 않았나요?

"흡연하는 남편을 둔 아내의 골다공증 확률은 4배나 상승."
금연하기 전까지 당신은 세상의 고통을 증가시키고 있다는 것을 잊지 말아야 합니다. 낚시하시는 분들도 마찬가집니다. 내생엔 당신이 물고

기가 되어 그렇게 잡힐 걸 생각해보십시오. 고통 받는 자기 어머니와 자식 같은 사랑하는 중생들을 생각해보십시오.

이런 모순을 해결하려면 중대한 행동을 하기 전에 반드시 그것이 가져올 결과들에 대해 자세히 검토해야 합니다.

60

어떤 선(善)과 기쁨의 낙원에
"고통"이라는 말조차 알려져 있지 않습니까?
그건 업과 번뇌의 충동을 넘은
최상의, 평화로운 해탈의 상태입니다.

초기 대승 불교 문헌은 "정토"와 "불토(佛土)"에 대해 얘기합니다. 이들은 동의어이며, 깨달음을 성취하여 붓다가 되신 분들의 마음의 흐름으로부터 마력적으로 만들어진 특별한 낙원을 가리킵니다. 이들 불토의 수는 헤아릴 수 없습니다. 비록 역사적으로는 단지 이들 중 여섯 개만 많은 문헌과 수행의 관심을 받아왔지만. 만일 우리가 이생에 깨달음을 성취하지 못하면, 불토에 환생하는 것이 차선(次善)입니다. 각 불토는 특정한 명상과 기도수행과 관련이 있는데, 이들은 그 정토에 환생하기 위한 원인들을 만드는 수단으로 이용됩니다. 티베트인들에게 두 가지 가장 인기 있는 낙원은 서방정토와 도솔천인데, 앞의 것은 아미타불과 뒤의 것은 미륵불과 관련이 있습니다.

그러나 여기서 7대 달라이 라마는 낙원이라는 개념을 해탈에 대한 은유로 사용합니다. 그가 말하듯이, "고통"이라는 말조차, 업과 번뇌의 충동을 넘은 최상의, 평화로운 해탈 상태"에서는, 초월됩니다.

13대 달라이 라마가 말했습니다. "범부는 이 세상을 평범하고 고통과 혼란으로 가득 찬 곳[穢土예토]으로 봅니다. 깨달은 분들은 이것을 정토(淨土)로 봅니다." 다시 말해, 우주의 모든 곳이 경험하는 사람의 마음이 바른 곳에 있을 때는 낙원입니다.

(보충) 모든 것의 본성은 공성이므로 모든 것은 본래 완전하니 더 이상 바랄 게 없습니다. 이것을 보는 마음이 바른 곳에 있는 마음입니다. 이런 마음이 없는 분들에게는 정토도 예토로 느껴질 것입니다. 언제 어디서나 가장 중요한 것은 청정한 마음가짐입니다.

*

(보충) **우리가 모든 일에 감사할 수밖에 없는 이유**

우리들에게 일어나는 모든 좋아 보이는 일에 대해서는 저절로 고마운 마음이 일어나는 법이니 고마워할 수밖에 없습니다.
그리고 우리들에게 벌어지는 모든 나빠 보이는 일이 사실은 모두 우리들에게 도움이 되는 일이니 이들에 대해서도 고마워할 수밖에 없습니다.

예를 들어, 우리가 겪는 작은 두통까지도 우리들의 업장(業障)을 씻어 준다고 하니 어떻게 우리가 고마워하지 않을 수 있겠습니까?
그리고 금생에 먹고 마실 게 모자라서 고통 받는 분들은 다음 생에 아귀로 태어나서 받을 고통을 미리 받는 것이라 하니 이보다 더 고마운 일이 세상에 또 어디에 있겠습니까?

자신의 행복은 물론 자신의 고통과 세상의 모든 것을 사랑하는 마음으로 받아들이며 고마워하는 날이 우리들의 진정한 행복이 시작되는 날입니다. 왜냐하면 세상의 모든 것이 우리들 자신이기 때문입니다.
따져보면 모든 중생들이 우리들의 어머니였고 우리들 각자 안에는 우주의 모든 것이 들어있으니 우리들은 우주 전체와 한 몸이나 다름없습니다.

61

모든 형태의 고통으로부터 보호해줄 힘을 가진
우리가 의지할 수 있는 것은 무엇입니까?
그건 어떤 공포도 영향을 미칠 수 없는
세 가지 최상의 보물(三寶삼보)입니다.

삼보가 가리키는 것은 붓다와 다르마와 승가입니다. 모든 불자는 낮에 세 번, 밤에 세 번 삼귀의문을 암송합니다. 통상적으로 이것은 오전과 저녁 수행을 시작할 때 합니다.

역사적으로 붓다들은 스승님들이고, 다르마는 그들의 가르침이며, 승가는 이들 깨달음의 가르침들의 고급단계의 수행자들입니다. 삼보에 대한 이런 관점에 대한 비유에 의하면, 붓다들은 업과 번뇌라는 질병에 대한 치료를 처방하는 의사들이고, 다르마는 그들이 처방하는 약이며, 승가는 치료를 받는 사람들, 즉 깨달음의 가르침을 수행하는 사람들을 돕는 간호사들입니다.

다른 수준에서, 붓다는 우리들 자신의 편재하는 성스러운 자질, 또는 불성(佛性)이고, 다르마는 언제나 가까이 존재하는 것의 실재이며, 승가는 진실의 성품(공성)에 맞추기 위해 우리들의 내면의 붓다를 이용하려는 우리들의 염원 혹은 의도입니다.

티베트인들은 "귀의 명상"의 기반으로 다음 만뜨라를 암송합니다: "나모 구루비아, 나모 붓다야, 나모 달마야, 나모 상가야." 이 만뜨라에서 구루가 붓다와 다르마, 승가에 앞서 언급되는 것은 그가 삼보를 우리들의 삶으로 가져다주고 우리들 자신의 마음의 흐름에 삼보를 깨달음으로 펼쳐주기 때문입니다. 구루는 제4의 보물로 간주되는 것이 아니라 삼보의 화현으로 간주됩니다. 내적인 수준에서, 내면의 구루는 모든 상황에 언제나 삼보를 동적인 요인으로 작용하게 할 수 있는 자신의 능력입니다.

(보충)　만뜨라(mantra)는 문자 그대로 "마음보호"를 뜻하는데, 우리들의 마음을 범부의 이원적인(분별적인) 관념으로부터 보호하여 합일의 평화와 기쁨으로 인도해준답니다.

62

힘들이지 않고 모든 소원을 성취해주는
가장 귀중한 보물은 무엇입니까?
그건 깨달음의 길을 따라 완성(성불)으로 안내하는
대승의 최상의 스승입니다.

대승의 전통에서 구루는 삼보귀의처의 화현으로 간주됩니다. 구루의 마음이 붓다이고, 말이 다르마며, 몸이 승가입니다. 그러므로 그가 "가장 귀중한 보물"입니다. 모든 수행과 세속적인 염원들은 이 구루에 의지할 때 성취됩니다. 우리는 내면의 지혜와 기쁨을 성취하고, 외부 세계에서 행복과 평화, 번영과 조화를 얻습니다.

이 구루에는 네 가지 면이 있습니다. 첫째, 자기 자신의 존재의 궁극적인 성품이 있는데, 이것이 우리가 배움을 얻는 최상의 스승입니다. 둘째, 자신의 평범한 경험의 구루가 있는데, 이것은 우리가 우리들 자신의 평범한 경험의 중요성을 바르게 이해하여 깨달음에서 성장하는 것을 가리킵니다. 셋째, 전달의 스승이 있는데, 이것은 깨달음을 성취한 과거의 모든 위대한 분들이 남겨놓은 최상의 가르침들입니다. 넷째, 살아있는 인간 구루가 있는데, 이것은 깨달음의 길의 수행에서 우리가 안내를 받는 성취한 스승들을 가리킵니다.

이들 네 종류의 구루들 - 자기 자신의 궁극적인 성품, 자신의 평범한 경험들, 전해지는 성스러운 말들, 살아있는 스승들 - 에 의지함으로써, 우리는 쉽게, 그리고 빨리 깨달음을 성취합니다.

(보충)　우리들의 내부에는 없는 것이 없습니다. 우리들 자신이 우주의 지혜의 결정체이자 표현이기 때문입니다. 이제 더 이상 밖에서 헤매지 말고 안으로의 여행길에 오르세요. 우리가 밖에서 얻을 수 있는 것은 덧없는 물질적인 것뿐입니다. 행복을 결정하는 것은 돈이 아니라 우리들의 마음 자체입니다.

63

모든 종류의 가난을 제거할 수
있는 화폐는 무엇입니까?
그건 아무도 훔칠 수 없으며,
모든 마음의 혼란을 없애주는 믿음입니다.

불교는 세 종류의 수행의 믿음에 대해 말합니다.

이들 중 첫째는 "자신하는 믿음"이라 불리며, 인과법칙에 대한 이해로부터 일어나는 신뢰와 자신입니다. 목수가 자신해야 하는 것은 해머로 못을 치는 원인적인 행위가 그 못을 판자 속으로 들어가게 하는 결과를 가져오리라는 것입니다. 마찬가지로, 우리가 이해해야 하는 것은 우리가 하는 모든 행위가 원인의 요소이고 우리들의 삶에서 결과를 가져온다는 것입니다. 그래야만 우리는 정신적인 변화를 가져오는 수행을 할 것입니다.

둘째 종류의 수행의 믿음은 "서원하는"이라 불립니다. 우리가 어떤 성취할 가치가 있는 것을 보고 그것을 서원할 때, 이 추진력이 우리들의 행동에 방향을 주는 일종의 신뢰입니다. 수행적인 의미에서, 서원은 깨달음을 낳는 수행을 성취하는 것입니다.

셋째 종류의 수행의 믿음은 "명료한"이라 불립니다. 이것이 일어나는 것은 위대한 스승을 만나서 그에 의해 깊은 영감을 얻거나, 어쩌면 깨달은 스승의 말을 읽고 깊은 감동을 받는 것으로부터입니다. 이것이 "명료한 믿음"이라 불리는 것은 그 경험의 영향의 깊이가 우리들을 긍정적인 방향으로 추진하는 마음의 강한 명료함을 불러일으키기 때문입니다.

수행 생활에서 우리들에게 필요한 것은 우리가 그 수행들을 할 수 있다고 자신하는 믿음이고, 변화와 자기-향상을 서원하는 믿음이며, 우리가 따르는 깨달음의 길의 유산에 의해 영감을 받아 일어나는 명료한 믿음입니다. 이들 셋이 부족할 때, 우리는 양쪽 끝이 뾰족하고 실을 꿸 구멍이 없는 바늘로 바느질을 하는 것이나 마찬가지입니다.

64

우리가 필요할 때에 항상 도움을 주는
최고의 친구는 누구입니까?
그건 학습과 사유를 통해 배운
수행의 가르침들을 기억하는 것입니다.

일반 친구들은 우리들을 버립니다, 우리가 어려운 때를 만나거나 그들의 삶에 불편한 존재가 될 때. 또 어떤 사람들은 단지 자기들 자신의 운명 속으로 사라져버립니다. 심지어 우리들의 수행의 스승님들도 결국은 죽어 떠납니다.

그러나 학습(聞문)과 사유(思사), 수습(修수)을 통해 개발한 우리들의 다르마 수행은 하나의 확실한 닻이 되어 바다의 물결이 거칠 때 우리들의 배의 안정을 유지해줍니다. 실제로, 우리가 더 어려운 상황을 만날수록, 그것은 더 많이 우리들에게 도움이 됩니다.

붓다께서 연로해지셔서 세상을 떠날 준비를 하고 계실 때, 그의 제자들 중 수명은 슬픔에 빠졌습니다. 그들이 그에게 물었습니다, "당신께서 가신 뒤에 저희들은 어떻게 해야 합니까" 그가 대답하셨습니다, "너희들이 나의 가르침에 의지할 때마다, 그때 나는 거기에 너희들과 함께 있다."

제2대 달라이 라마가 썼습니다. "우리가 다르마에 의지하는 법을 알면, 우리는 모든 상황에서 행복할 수 있습니다. 어디서 이보다 더 신뢰할 수 있고 의지할 수 있는 친구를 구할 수 있을까요?"

(보충)　문, 사, 수를 통해 다르마에 의지하는 것이
　　　　곧 바르게 붓다에 의지하는 것입니다.

65

지친 마음을 쉬게 할
조용한 곳은 어디에 있습니까?
그건 마음의 방황에 의해 동요되지 않는
확고한 삼매의 침대입니다.

지혜의 발생은 성공적인 명상의 힘에 달려있습니다. 이것은 또 일념집중, 또는 삼매의 힘에 좌우됩니다.

마에뜨레야(미륵)께서 말씀하셨습니다, "삼매가 일어나는 것은 다섯 가지 장애를 제거하는 여덟 가지 대치법(치료법)의 적용에 의해서다." 다시 말해, 삼매를 성취하기 위해 우리는 성공적인 명상에 대한 다섯 가지 장애를 제거해야 합니다.

이들 다섯 가지는 다음과 같습니다. 1)나태, 2)실념, 3)혼침과 도거, 4)이들 장애가 일어날 때 대치법(치료법)을 사용하지 않는 것, 그리고 5)불필요할 때 대치법을 사용하는 것.

여덟 가지 대치법들이 이들 다섯 가지 장애를 제거하기 위해 사용됩니다. 나태를 제거하는 것은 이들 중 다음 넷, 삼매의 힘에 대한 이해, 삼매를 성취하려는 강한 염원, 즐거운 노력(정진), 그리고 이완되고 유연한 적용입니다. 실념에 대한 대치법은 억념의 적용입니다. 셋째 장애인 혼침과 도거는 더 높은 명상의 주 장애입니다. 이들 두 요소를 제거하는 것은 각각 의식적으로 유지된 마음의 명료함과 의식적으로 유지된 마음의 안정입니다. 마지막으로, 넷째와 다섯째 장애는 대치법의 올바르고 절제된 적용(사용)에 의해 피할 수 있습니다.

7대 달라이 라마는 일념 집중의 힘을 "지친 마음을 쉬게 할 조용한 곳"이라고 부릅니다. 샤마타(止지)는 삼매를 개발하기 위해 사용되는 마음의 훈련의 형태입니다. 수행자는 안거할 때 하루에 열여덟 번 앉아서 마음속으로 관상한 붓다의 모습과 같은 한 대상에 마음을 두고 거기에서 벗어나지 않게 합니다. 앉아서 수행하는 수는 차츰 줄이고 그 길이(시간)는 늘립니다. 마음의 안정은 증가하여, 마침내 마음은 단일한 생각이나 관상하는 이미지를 한 번에 수일 간 붙잡고 있으면서 졸거나 다른 생각으로 떠나지 않을 수 있습니다.

삼매 자체는 제한된 성취입니다. 비록 그것이 마음의 꿰뚫어보는 능력을 배출하기는 하지만. 그러나 궁극적으로, 그것은 지혜의 탐구에 이용되는 하나의 도구일 뿐입니다.

66

세간과 출세간의 모든 것을 보는
완전한 눈은 무엇입니까?
그건 두 가지 수준의 진실을
분별하는 맑은 지혜입니다.

불교는 두 가지 수준의 현실에 대해 말합니다. 한 편으로는 모든 것의 공성(空性)의 궁극적인 진실이 있는데, 이것은 자기와 현상 둘 다 어떤 궁극적인 지위나, 고유한 존재, 찾을 수 있는 개체성이 없는 것을 가리킵니다. 그리고 다른 한 편으로 관습적으로 나타나며 기능하는 수준의 자기(我아)와 현상(法법)이 있습니다.

예를 들어, 식탁은 어떤 진실한 존재도 없습니다. 식탁의 구성요소들 내부나 밖에는 "식탁이란 존재"라고 내세울 수 있는 것이 없습니다. 목재에도, 바니시, 혹은 어떤 다른 구성요소에도 식탁이란 존재가 없으며, 또한 이들 부분들과 별도로 식탁이란 존재도 없습니다. 이것이 식탁의 궁극적인 현실의 면입니다.

다른 한 편으로, 식탁은 존재하는 것 같고, 인과법칙에 따라서 기능하는 것 같습니다. 예를 들어, 우리는 식탁 옆에 앉아서, 그 위에 음식물을 올려놓고 좋은 식사를 즐길 수 있습니다. 이것이 식탁의 관습적 진실의 면입니다. 공(空)한 면은 식탁의 궁극적인 진실이고, 기능 면은 관습적인 진실입니다.

공한 면과 관습적인 면은 균형을 이뤄야 합니다. 그렇지 않고 공한 면에 치우치면 단견(斷見)에 빠지고, 관습적인 면에 치우치면 상견(常見)에 빠집니다.

현실의 이들 두 수준에 대한 진정한 이해가 나가르주나가 뜻하는 "중간의 견해"(중관)입니다. 이 지혜의 성취는 계, 정, 혜 삼학(三學)의 결과입니다.

(보충) "모든 현상(色)들은 그들의 공성(空性)의 현현(나타남)입니다.
All phenomena are manifestations of their emptiness.

색(色)과 색의 공성은 동일체(同一體)입니다. 만일 A가 B의 현현이라면 A와 B는 다른 개체일 수 없으니까요.

두 가지 진실이 동일체라는 것을 깨달으면, 모든 세속적인 대상들은 공성의 면에서 동등하게 되고, 모든 세속적인 대상들은 공성의 현현이고 공성과 동일체라는 의미에서 동등하게 됩니다.

공(空)과 색(色)이 동일체라는 데 대한 수행은 불균형적인(불평등한) 태도를 줄여줍니다."

67

우리들을 안내하여 부정적인 곳들로부터 떠나게
하는 지혜롭고 능숙한 스승은 누구입니까?
그건 순간의 현실에 깨어있는
마음이 주의를 기울이는 힘(주의력)입니다.

책과 외부 스승들로부터 배우는 수행의 지식은 우리들의 삶에서 유용한 안내의 원천입니다. 그러나 이것은 우리들을 돕기 위해 할 수 있는 것이 제한되어있습니다. 결국, 가장 중요한 것은 우리가 그들로부터 배운 것을 우리들의 일상적인 삶 속으로 통합할 우리들 자신의 능력입니다.

주의력은 내면의 힘인데, 고조시키고 이용해야 우리들이 효과적으로 수행의 원칙들을 적용할 수 있습니다. 만일 우리가 주어진 순간에 작용하는 외부와 내부의 요소들의 흐름에 대해 잘 알고 있고, 적절하게 대응하지 않으면, 가장 위대한 스승과 가장 위대한 가르침도 우리들에게 소용이 없습니다.

그래서 5대 달라이 라마가 말했습니다,
"당신이 당신 자신의 가장 좋은 스승입니다. 가장 좋은 가르침은 주어진 순간에 당신에게 가장 적절한 가르침입니다. 이들 두 가장 좋은 요소를 이용할 필요 불가결한 조건은 당신 자신의 마음의 주의력입니다."

(보충) 유일한 도움은 스스로 돕는 것이고, 유일한 치유 방법은 자기-치유입니다.
　　　　　　　　　　　　　　　　　　　　　-콜드웰 박사(Dr. Coldwell)

모든 환자는 자기 안에 자기 자신의 의사를 갖고 있습니다.

-앨버트 슈바이처(Albert Schweitzer)

규칙적인 운동과 건강식을 통해 죽을 때까지 자신의 힘으로 건강을 지키는 것이 최선의 길임을 잊지 마시기 바랍니다.

68

**아무것도 깨달음의 길로부터 벗어나게 할 수 없을
만큼 강렬한 자제력을 가진 사람은 누구입니까?
그는 자기 자신의 에너지를 통제하고
허물로 얼룩지지 않는 사람입니다.**

수행이 간단한 이유는 그것이 매순간 하는 노력이고, 한 획 한 획 그리는 복잡한 그림과 같으며, 한 번에 한 걸음씩 걷는 긴 여행이기 때문입니다. 그것이 복잡한 것은 매순간이 독특한 모험과 도전을 가져오기 때문입니다. 수행의 길은 모든 여건을 행복과 지혜, 선(善)과 성장을 낳도록 다루는 것입니다. [그러므로 수행은 최상의 행복으로 가는 길입니다.]

7대 달라이 라마가 여기서 사용한 "강렬한 자제력"을 나타내는 티베트 용어는 더 흔히 "고행"이라 번역됩니다. 인도의 붓다 이전의 전통들 중 다수는 한 팔을 머리 위에 두고 한 번에 일 년 동안 계속하거나, 두 다리 중 하나만 비슷한 기간 동안 사용하는 것과 같은 고행훈련을 따랐습니다. 우리는 오늘날에도 이런 성격의 수행자들을 봅니다. 이것은 집중력을 개발하는 데는 유용한 도구이나, 사지 자체가 손상되고, 전혀 사용하지 않기 때문에 완전히 오그라듭니다.

붓다는 중도(中道)를 가르칠 때 그런 고행을 말리셨습니다. 그런 외적인 훈련 대신, 그는 마음의 훈련을 옹호하셨습니다. 그러므로 여기서 7대 달라이 라마가 말하는 것에 의하면 최상의 자제는 자기 자신의 몸과 말, 마음의 업의 흐름을 감시하고 그들을 긍정적인 방향으로 이끄는 것입니다.

다시 말해, 최상의 자제는 자신의 몸과 감정, 생각과 외부 경험을 관찰하는 것이고, 이들 네 가지 경험 분야에서 일어나는 것에 지혜와 자비를 적용하는 것입니다.

(보충) **자제력의 위력**

어린 시절에 좋은 자제력을 가진 어린이들은 자제력이 빈약한 아이들보다 건강하고, 경제적으로 안정되며, 문제가 없는 어른으로 성장할 가능성이 더 많다고 합니다.

자제력이 강한 분은 자기주인노릇을 잘 하고 있으나,
자제력이 약한 분은 주인노릇을 잘 못하고 있는 것입니다.

69

모든 강한 사람들 중에서
누가 말을 가장 잘 하는 사람입니까?
그건 방대한 깨달음의 지식을
경청해온 사람입니다.

11세기의 인도의 스승 아띠샤(Atisha)가 언젠가 말했습니다. "이 생은 짧고, 배울 수 있는 것들은 헤아릴 수 없이 많습니다. 우리는 백조가 우유를 먹을 때, 물을 크림과 분리해서 물은 내뱉고 크림만 삼키는 것처럼 해야 합니다. 지식을 마실 때, 깨달음의 지식인 크림을 깊이 마셔야 합니다."

일반적인 세속의 지식이 유용한 것은 그것을 얻음으로써 우리가 삶의 어떤 분야에 대해 어떤 것을 배우기 때문입니다. 그러나 그것은 마음의 더 깊은 수준에는 영향을 주지 않으며, 존재의 거친 또는 외부 수준에만 이익을 줍니다. 그러나 깨달음의 지식은 마음을 바로 그 핵심에서 바꿀 힘을 갖고 있습니다. 살인자들이 성인(聖人)이 될 수 있는 것은 그들이 이 지식을 완전히 자신의 것으로 만들(체득할) 때인데, 이런 일은 역사상 많은 예가 있습니다.

이러한 깨달음의 지식은 깨달음과 말 둘 다를 통해서 세대로부터 세대로 전달됩니다. 가장 좋은 형태의 듣기(聞聞)는 완전히 깨달은 스승으로부터 깨달음 전통의 말을 듣는 것입니다. 그런 기반으로부터 말하는 사람은 단지 말 재주를 가진 사람보다 훨씬 더 말을 잘 하는 사람입니다.

7대 달라이 라마는 이 게송을 "모든 강한 사람들 중에서"라는 표현을 이용해서 이전의 게송과 연관시킵니다. 많은 사람들이 이런 저런 형태의 자제력 훈련을 합니다. 그들 중에서 가장 좋은 스승은 자격 있는 스승 밑에서 훈련 받은 분들입니다.

70

모든 존재하는 사람들 중에서
가장 존경 받는 사람은 누구입니까?
그건 진리에 대해 잘못 알지 않는
지혜를 가진 탁월한 분들입니다.

이 게송과 앞의 게송으로 7대 달라이 라마가 내세우는 주제는 자제가 좋으나 마음에 직접적으로 영향을 주는 자제는 더 좋고, 일반적인 배움이 좋으나 수행적인 배움은 더 필수적이며, 수행 면에서 배운 사람들 중에서는 지혜에 대한 깨달음을 성취한 분들이 가장 훌륭하다는 것입니다.

여기서 지혜가 가리키는 것은 일반적인 의미에서 지혜로운 노인의 마음이 아닙니다. 이것이 가리키는 것은 과거, 현재, 미래의 깨달은 분들이 가르치는 지혜의 핵심입니다. 이것은 자기와 현상이 본래 고유하게 존재하는 것이 아니며(我空아공과 法空법공), 별도의 독립적인 지위를 갖고 있다는 이원성을 초월한 지혜입니다. 이 지혜가 윤회의 유형과 감정적, 인지적 왜곡[장애]으로부터 해방을 낳고 영원한 자유의 기쁨을 가져옵니다.

붓다께서 말씀하셨습니다. "우리가 (궁극적인 진리, 또는 空性공성의) 지혜라는 수단에 의해 존재의 성격을 완전히 이해할 때, 우리는 미혹한 윤회의 세 세계(三界)를 초월하고, 완전한 해탈의 상태를 성취한다."

또한 2대 달라이 라마가 글에서 썼습니다. "우리가 보는 이 세계는 분별적인[이원적인] 사고라는 붓에 의해 그려진 그림입니다. 실제로 존재하는 것은 이 세상 어디에도 찾을 수 없습니다. 세간과 출세간의 모든 것은 이름이고 이름표일 뿐입니다. 이것을 알면 진리를 알고, 이것을 보면, 가장 진실하게 보는 것입니다." 이 몇 마디로 그는 지혜의 개발에 관한 모든 부처님들의 가르침을 요약했습니다.

71

모든 세상 사람들에게 영감을 불러일으켜
주는 사랑스러운 행위는 무엇입니까?
그건 수행의 생활과 부합하는
모범적인 삶을 사는 것입니다.

우리가 다른 사람과 교제할 때마다 두 가지 일이 일어납니다. 그들에 대한 우리들의 행위가 그들의 마음에 영향을 남겨 그들의 진화에 하나의 요소로 작용하고, 그들의 행위는 우리들에게 영향을 주어 우리들의 진화에 하나의 요소로 작용합니다. 다시 말해, 우리는 끊임없이 남들에게 하나의 역할 모델(role model) 노릇을 하고, 그들은 우리들의 모델 노릇을 합니다.

7대 달라이 라마가 "모범적인 삶"을 위해 사용하는 말은 야랍 댐빠(yarab dampa)입니다. 야랍이 의미하는 것은 "고양된" 혹은 "고양시키는" 것과 같은 것이고, 댐빠는 성스러운 자질을 암시합니다. 이것이 의미하는 것은 어떤 사람들은 자신들의 소중한 인생을 이용하여 높은 곳으로부터 더 높이 올라가는데, 반면에 어떤 사람들은 기회를 낭비하고 무의미한 추구나 더 나쁜 일에 인생을 보낸다는 것입니다.

야랍의 반대는 마랍(marab)입니다. 전자(前者)는 진실로 수행하는 사람들의 특징이고, 후자(後者)는, "천한" 또는 "퇴보하는"을 의미하는데, 수행 면에서 미개한 사람들의 특징입니다. 우리는 세속적인 의미에서는 고도로 교육 받고, 세련되고, 부유하며, 성공했을 수 있으나, 그러면서도 "수행 면에서는 미개할" 수 있습니다. 이것이 사실인 경우에 모든 외적 영광은 헛된 것이고, 우리의 삶은 무의미하게 지나가는 것입니다.

간단히 말해, 7대 달라이 라마의 메시지는 매순간 우리가 미묘하게 우리들의 행위로 역사를 바꾸고, 우리들과 접촉하는 사람들의 운명을 형성한다는 것을 우리가 알아야 한다는 것입니다. 우리가 남들에 대한 사랑과 관심을 가장 잘 표현하는 방법은 언제나 우리가 하는 모든 것에 완전함[최선]을 유지하는 것입니다.

(보충) 언제 어디서나 최선을 다하는 것이 남들은 물론 자기 자신에게도 최대의 이익을 가져오는 최상의 지혜와 사랑의 길, 가장 아름다운 길입니다.

72

모든 사람들을 무조건 기쁘게 하는
가장 달콤한 말은 무엇입니까?
그건 유용한 의미에 확고히 기반을 둔
부드럽고 적절한 말입니다.

인도의 스승 나가르주나는 네 가지 종류의 망고를 이용하여 인간의 사정을 설명했습니다. 어떤 사람들은 안과 밖이 모두 익지 않았습니다. 어떤 사람들은 안은 익었으나 밖은 익지 않았고, 어떤 사람들은 안은 익지 않았으나 밖은 익었으며, 어떤 사람들은 안과 밖 모두 익었습니다. 가장 좋은 것은 이들 네 종류 가운데 넷째가 되는 것입니다.

탐, 진, 치에 기반을 둔 험한 말은 안과 밖이 모두 익지 않은 망고와 같습니다. 무의미한 달콤한 말은 밖은 익었으나 안은 익지 않은 망고와 같습니다. 도움이 되려는 뜻에서 하는 험한 말은 안은 익었으나 밖은 익지 않은 것입니다. 7대 달라이 라마가 말하는 "유용한 의미에 확고히 기반을 둔 부드럽고 적절한 말"은 안과 밖이 모두 익은 망고와 같습니다.

7대 달라이 라마가 "적절한"과 "유용한"이라는 말을 사용하는 것은 진실성이 말하는 내용의 적절성과 유용성만큼 중요하지 않기 때문입니다. 말은 의사전달의 도구일 뿐입니다. 말의 중요성은 말의 내용에 있다기보다, 그것이 듣는 사람의 마음속에 주는 영향과 그것이 가져오는 결과에 있습니다.

73

완전히 깨끗하고
모든 얼룩에서 벗어난 것은 무엇입니까?
그건 정화되고 번뇌와
섞이지 않은 마음입니다.

불교에 의하면 마음은 모든 허물과 불완전한 점들이 완전히 정화되어 궁극적인 해탈과 깨달음의 드높은 상태를 성취할 수 있습니다. 일단 이것이 성취되면 우리는 초월적인 존재인 아르야(arya), 성인(聖人)의 지위에 오릅니다.

저명한 인도의 스승 나가르주나는 마음을 철갑에 비유하고 철갑을 정화하는 불을 불완전함을 초월하게 하는 지혜에 비유했습니다. 그가 말하듯이, "철갑에 얼룩이 묻었을 때, 그것을 불에 넣고 깨끗하게 하기 위해 태웁니다. 불은 얼룩은 태어 없애나 철갑은 손상하지 않습니다. 같은 일이 마음에 대해서도 일어납니다. 마음은 탐, 진, 치 와 같은 번뇌에 오염되고, 자체의 업의 습기로 짓눌리나, 그것을 지혜의 불 속에서 태우면, 얼룩만 파괴되고, 청정한 빛인 마음의 본성은 손상되지 않습니다.

또 붓다께서도 말씀하셨습니다. "우리는 마음의 본래의 청정한 성품을 깨달음으로써 해탈을 성취한다. 이 지혜가 일어나면, 이원적인 집착(二執이집)이라는 질병이 파괴되고, 모든 번뇌와 얼룩이 배출되며 마음은 완전한 청정 속에서 일어난다. 이것이 성인(聖人)의 마음이고, 열반 자체의 경험이다."

(보충) 이집: 세상을 자기, 내심(內心)과 자기 밖의 외부 대상(外境외경)으로 나누는 것, 이원적인 분별.

74

남들에 의해 약해지지 않는
결의는 무엇입니까?
그건 남들의 부정적인 영향들로부터 알아차림
(正知정지)으로 자기 자신을 지키는 것입니다.

우리들의 삶의 모든 순간은 하나의 전환점입니다. 그것으로 우리가 취하는 방향은 새로운 업의 힘과 유형을 열고, 특정한 심리적인 경향을 강화하고 다른 것들은 해보지 않고 내버려두며, 새로운 에너지 장을 내보내는데, 이것은 영원히 계속되어 미묘하게 우리들의 우주를 형성합니다.

윤회가 일어나는 것은 우리가 생각하지 않고 단지 낡은 반응 유형을 반복할 때이고, 열반은 우리가 현재의 순간에 평화를 가져오고, 낡은 습관의 되새김질로 맹목적으로 반응하는 대신 우리가 자발적으로 더 높은 의식과 비판적인 지성에 의지할 때입니다.

이 후자가 순간의 상대적인 현상들을 이해하는 지혜인데, 이것이 동시에 이해하는 것은 그런 현상들이 독립적으로, 진실로 존재하지 않으며, 자기 자신의 꿈의 내용과 같다는 것입니다. 2대 달라이 라마가 말했듯이, "마음에 나타나는 것은 단 하나도 진실로 존재하지 않으며, 그들은 꿈처럼 나타나나 인과의 법칙들을 통해 틀림없이 작용합니다." 다시 말해, 모든 것은 실제로, 고유하게 존재하는 것 같지만, 상호의존과 상대성의 법칙들을 통해 펼쳐지는 환영(幻影)과 같습니다.

실재하는 것 같은 세계는 실재하지 않으나, 그것의 존재는 그것의 실재성을 믿는 마음에 의해 강하게 느껴집니다. 그러므로 기본적인 수준의 교육을 받는 중에 있는 분들은 관습적인 현실, 즉 일상적인 경험의 보이는 현실들의 흐름을 면밀하게 지켜봅니다. 그들은 의식을 평화와 기쁨, 열림에 유지하고, 어떻게 나타나는 사람들과 대상들이 자기-성품(自性자성)이나 찾을 수 있는 존재가 없으나 그러면서도 상호의존과 인과의 법칙들 내에서 관습적으로는 작용하는지에 대한 명상의 테두리 안에서 현상의 흐름을 관찰합니다.

이것이 7대 달라이 라마가 "남들에 의해 약해지지 않는 결의"라는 표현으로 의미하는 것입니다. 우리는 마음에 나타나는 일들의 관습적, 기능적 존재[현실]를 이해하면서, 공성(空性)[궁극적인 현실]의 얼굴을 들여다보며, 공성의 얼굴 안에서 인과법칙과 업의 관습적인 현실을 존중합니다.

75

어떤 외적인 힘에 의해서도
결코 패하지 않는 영웅은 무엇입니까?
그건 반짝이는 것들로 결코 마음이
유혹 받지 않는 성인(聖人)입니다.

마음이 평화와 명료함의 내부 근거지를 잡지 못하고, 모든 것의 공성에 대한 인식을 얻지 못했을 때, 그것은 궁극적인 방향과 관습적인 방향 모두로부터 나오는 것 같은 빛에 희생이 됩니다. 모든 것의 공성에 대한 명상에서 우리는 명상적인 몰입의 기쁨 속으로 빠지려는 유혹을 받을 것이고, 일상적인 삶의 관습적인 현실들에 대한 일에서 애착과 미움이나 만족에 빠질 유혹을 받을 것입니다.

전자는 더 작은 문제입니다. 공성 명상의 반짝이는 양상들은 통상적으로 음식을 먹고 화장실에 가는 것과 같은 관습적인 삶의 긴급한 요구에 의해 바로잡아질 수 있습니다. 이것들은 우리들을 매우 빠르게, 그리고 자연스럽게 공에 대한 관상(명상)으로부터 현실의 관습적인 수준으로 데려옵니다.

관습적인 진실의 반짝임[양상]에 대한 매력의 문제는 더 흔합니다. 일단 우리가 그들 중 하나에 중독되면, 쉬운 치료책이 없고, 많은 시간이 걸려야 종국에 가서 그 중독이 만족을 주지 않는다는 점을 인식하게 됩니다. 현상의 공성이 인식되지 않으면, 탐, 진, 치라는 마음가짐으로부터 해방된 기반 위에서 어떤 것과 관련을 맺는 것이 어렵습니다. [공성을 이해해야 탐, 진, 치로부터 벗어나 자유롭게 모든 것을 경험할 수 있다는 뜻임]

이런 이유로 초보자는 계, 정, 혜의 삼중의 통합적인 방법을 따라야 합니다. 이것이 확고한 기반을 확립해줍니다. 마침내 우리는 더 이상 수행이 필요 없는(無學무학의) 단계에 도달하여, 모든 것에는 [궁극적으로는] 별도의, 진실한, 찾을 수 있는 존재의 반짝임이 없다는 것을 보나, 그러면서도 단순한 나타남의[관습적인] 수준에서는 각 현상이 자체에게 독특한 반짝임이 있다는 것을 봅니다.

76

어떤 적도 물리칠 수 있는
위대한 군대는 무엇입니까?
그건 자기 자신 안에 있는 섬세한 마음
(영혼)의 온전함과 성품의 힘입니다.

인도의 스승 샨띠데와가 얘기하듯이, 적대적인 마음이 지배하는 사람들은 어디에나 볼 수 있으며 그들 모두를 없앨 수는 없습니다. 간단한 해결책은 자기 자신의 마음속의 적대감을 길들이는 것입니다. 이렇게 하면, 남들의 적대감은 거의 문제가 되지 않습니다. [문제도 해결책도 궁극적으로는 우리들 내부에 있습니다. 따라서 이것을 깨닫는 것이 모든 문제해결의 열쇠입니다.]

붓다께서 말씀하셨습니다. "자기 자신의 마음을 길들임으로써 온 세상이 길들여진다." 불자들은 어떤 외부 문제나 갈등을 더 큰 심리적인 과정의 일부로 보지 않습니다. 실제로 나타나는 상황은 실제 진행되고 있는 빙산의 끝일뿐입니다. 외부 문제의 제거는 그것의 발생을 자기 자신의 내부 과정으로 추적하는 것만큼 중요하지 않습니다. 그 문제에 맞서서 자기 자신의 진화와 연관해서 그것을 이해하는 것을 배우는 것이 성장과 초월에 결정적으로 중요합니다. 성공적인 삶은 효율적인 문제해결의 문제라기보다 문제인식의 심리의 문제입니다. 자기 자신의 내부의 과정과 연결이 이뤄지지 않으면, 어떤 문제가 해결되더라도 그것은 다른 형태로 돌아올 뿐입니다. 반면에, 우리가 어떤 문제를 해결할 때 그것의 심리적인 중요성을 파악해서 하면, 문제의 경험의 모든 차원이 초월됩니다.

역자가 "완전성과 성품"이라 옮긴 말에 대해 7대 달라이 라마가 사용하는 티베트 용어는 욘뗀(yonten)입니다. 이것이 문자 그대로 의미하는 것은 "탁월성" 또는 "자격" 같은 것이며, 이것이 가리키는 것은 자비, 부드러움, 지혜 등과 같은 섬세한 마음의 자질들의 내적인 깨달음입니다. 이들 자질은 어떤 어려움도 맞서 극복할 수 있는 위대한 신화적인 영웅들과 같습니다.

77

강한 자신감을 가진 사람들 중에서 존재하는 것을
아무것도 두려워할 필요가 없는 사람들은 누구입니까?
그건 진리에 도달했으며
잘못에 물들지 않은 사람들입니다.

반야바라밀 경전들은 붓다의 경지는 전혀 두려움이 없는 상태라고 말합니다. 이것을 상징하기 위해, 붓다는 흔히 여덟 마리 사자가 떠받치는 자리에 앉아계신 것으로 묘사되는데, 이 동물은 다른 어떤 동물보다도 두려움이 없는 경험을 상징합니다.

붓다께서 언젠가 말씀하셨습니다, "두려워할 필요가 없을 때 두려워하는 사람은 바보다. 두려움의 원인이 있을 때 두려워하지 않는 사람도 바보다. 둘 다 길로부터 떨어진다." 자신감은 일반적으로 긍정적인 자질입니다. 그러나 그것이 깨달음의 지혜에 뒷받침되지 않을 때, 그것은 흔히 단순한 공허한 환상입니다. 그래서 티베트의 요기 밀라레빠가 언젠가 말했습니다, "여덟 가지 세속적인 관심들이 겁나 나는 산으로 달아났습니다. 거기서 나는 쉬지 않고 명상해서 지혜를 얻었습니다. 이제 나는 더 이상 두렵지 않습니다."

7대 달라이 라마의 "깨달음에 도달한"이라는 표현이 가리키는 것은 깨달음의 지혜의 성취인데, 이것은 직접적으로 두 가지 수준의 진리 또는 현실을, 즉 모든 것의 공성과 인과의 법칙의 틀림없는 성격의 관습적인 현실을 파악하는 의식을 가리킵니다. 두 가지 수준의 현실에 도달한 사람은 모든 왜곡과 번뇌를 초월하고, 그 결과 결코 잘못에 물들지 않습니다. 매순간 완전하게 현실과의 조화 속에서 살아가므로 그런 사람은 전혀 아무것도 두려워할 필요가 없습니다.

(보충)   매순간 현실과의 완전한 조화(합일) 속에서 살아가는 것이 가장 이상적인 지혜와 사랑의 삶, 가장 아름다운 삶입니다.

78

가까이, 멀리 있는 모든 것을 풍요롭게 하는
비구름과 같은 사람은 누구입니까?
그건 세상에 이익과 기쁨만 가져오려는
생각에 마음을 유지하는 사람입니다.

여기서 7대 달라이 라마는 "가까이, 멀리 있는 모든 것을 풍요롭게 하는"이라는 표현을 사용합니다. 일반인들은 자기들에게 가까운 사람들, 친구와 가족에게만 이익을 주려는 생각을 하나, 그들로부터 먼 사람들, 자기들이 해롭다거나 나쁘다고 생각하는 사람들에 대해서는 그런 이익을 주려는 생각을 갖고 있지 않습니다. 대승 불교에서 강조하는 것은 그런 분별을 넘은 보편적인 태도를 기르는 데에 있습니다.

7대 달라이 라마는 다양한 제자들의 요청으로 많은 일상적인 딴뜨라 수행법을 썼습니다. 이들 중 다수는 이런 지시로 시작됩니다, "먼저 사무량심(四無量心)에 대해 명상하라." 티베트인들은 이것을 할 때 다음과 같은 말의 암송으로 합니다. "모든 중생들이 행복과 그 원인들을 가지소서. 모든 중생들이 고통과 그 원인들로부터 벗어나소서. 모두가 고통에서 벗어난 기쁨에 머무소서. 모두가 평등심에 머물며 가까운 것에 대한 애착과 먼 것에 대한 미움을 초월하소서." 여기서 비구름이 상징하는 것은 이러한 위대한 평등심으로, 이익을 똑 같이 좋아 보이는 사람들과 나빠 보이는 사람들에게 가져다주는 것입니다.

5대 달라이 라마가 글에서 썼습니다, "우리는 어떻게 다른 사람들이 행동할지 결정할 수 없습니다. 이것은 그들의 지혜나 지혜의 부족에 달려있습니다. 그러나 우리가 결정할 수 있는 것은 우리 쪽으로부터 우리가 그들 모두를 동등한 존중과 보살핌으로 대하며, 겉으로 보이는 그들의 가치 있음이나 없음에 상관하지 않는 것입니다."

(보충)　분별적인 태도(생각)로 얻을 수 있는 것은 제한된 행복이지만, 모두를 위한 보편적인 태도로 얻는 것은 무한의 행복, 완전한 행복입니다.

79

**영원히 속박에서 벗어난 행복을
아는 사람은 누구입니까?
그건 마음을 속박하는 것들에 대한 애착을
놓아준 사람들입니다.**

내면의 행복의 전제조건은 내면의 자유입니다. 대상과 사람들과 상황에 대한 애착은 자유의 정반대입니다. 어떤 관계가 애착에 기반을 두고 있는 한, 그 정도까지 우리들의 자유는 제한되며, 그 정도까지 그 관계는 건강하지 않습니다.

단순한 애착 그 자체도 지극히 나쁘나, 그와 함께 많은 다른 건강하지 않은 감정들이 따라옵니다. 이것들에는 그 애착을 위험하게 만든다고 생각되는 것에 대한 분노, 상실에 대한 두려움, 질투 등이 포함됩니다. 이것들은 마음을 가득 채워서 내면의 평화나 기쁨을 위한 여지가 없습니다. 마침내, 자신의 애착의 대상이 자신을 노예로 변화시킵니다.

현대 인도의 신비한 성취자 라마나 마하쉬(Ramana Maharshi)가 에고(ego)와 배 사이의 놀라운 대화를 얘기합니다. 에고가 배에게 소리칩니다, "넌 무서운 악마야, 넌 너의 만족시킬 수 없는 요구를 만족

시키기 위해 내가 항상 노예처럼 일하게 만든다." 배가 되받아 소리
칩니다, "실제로, 나의 요구는 간단하다. 그러나 너와 너의 애착 때문
에 너는 내가 새벽부터 황혼까지 쉬지 않고 노예처럼 일하게 한다."

마음이 애착에 지배되면, 영혼이 만족을 아는 때가 드물고, 안다고
해도 매우 짧은 기간 동안 뿐입니다. 반면에 마음이 애착을 초월하면
영혼은 끊임없는 기쁨에 머뭅니다, 어떤 대상이나 사람, 또는 상황이
가까이 있든지 상관없이.

(보충) **열린 마음-집착하지 않는 마음**

모든 것에 열려있으면서도 아무것에도
집착하지 않는 마음을 가져라.

-띨로빠

Have a mind that is open to everything,
and attached to nothing.

-Tilopa

모든 것에 마음이 열려있으면 우리는 모든 것을 사랑하며 즐길 수 있
고, 아무것에도 집착하지 않으면 우리는 한없는 자유를 누릴 수 있습니
다. 이것이 최상의 진리인 공성을 실천하는 길입니다.

80

어떤 어려움에도 영향 받지 않는
최상의 기쁨에 머무는 사람은 누구입니까?
그건 삶의 포커스를 모든 세상 사람들의
이익에 두는 사람입니다.

앞의 게송은 초월해야 할 주요 대상인 애착하는 마음이라는 맥락에서 내면의 평화와 행복의 육성에 대해 말합니다. 이 게송은 길러야 할 것, 즉 보편적인 선(善)에 집중하는 마음의 관점으로부터 거기에 대해 말합니다. 마음이 애착에서 벗어나면 그것은 평화와 기쁨을 경험할 수 있습니다. 마찬가지로, 마음이 세상에 이익이 되려는 서원에 머물고, 그리하여 에고(ego)중심적인 관심사로부터 벗어나면, 그것은 강한 도전과 역경에 처할 때조차 그 내면의 평화와 기쁨을 유지할 수 있습니다.

이것은, 물론, 관습적인 수준의 사정입니다. 더 깊은 수준에서 이들 둘 - 애착과 에고중심적인 관심사들로부터 해방 - 을 완전히 성취할 수 있는 것은 오로지 우리가 존재의 공성을 파악하는 지혜를 일으켰을 때뿐입니다. 궁극적으로 자유와 평화, 행복의 가장 깊은 원천은 공성의 지혜입니다.

81

수고해서 구할 가치가 충분히 있는
날아다니는 말(馬)과 같은 것은 무엇입니까?
그건 튼튼함과 힘을
갖춘 사람입니다.

날아다니는 말에 대한 티베트의 신화는 서양 문화에서 일각수(unicorn)에 대한 신화와 많이 비슷합니다. 이것을 보는 것은 지극히 드물고 소중한 경험이며, 모든 좋은 일과 우리들의 가장 깊은 서원이 모두 성취될 전조입니다. 마찬가지로, 완전한 잠재력을 갖춘 몸을 가진 인간으로 환생은 궁극적인 깨달음을 성취할 매우 독특한 기회를 제공해줍니다.

위의 게송에서, 7대 달라이 라마는 소중한 인간의 지위를 "튼튼함과 힘을 갖춘"이라는 어구로 조건을 붙입니다. 이것으로 그가 의미하는 것은 여덟 가지 여가(8유가)와 열 가지 여건(10원만)입니다.

인도의 스승 나가르주나가 언젠가 말했습니다. "여덟 가지 여가와 열 가지 여건으로 풍부해진 인간으로 환생하는 것은 매우 드뭅니다. 만일 바다에 살고 있는 눈먼 거북이 백년마다 단 한 번 표면으로 나오는데, 그 바다 위에 떠다니는 동그란 멍에가 있다면, 그 거북이 떠오를 때에 그 멍에 안에 머리를 넣게 되는 것은 얼마나 드물겠습니까. 인간으로 환생하는 것은 그보다 더욱더 드뭅니다."

쫑카빠 대사가 글에서 썼습니다. "여덟 가지 여가와 열 가지 여건을 갖춘 인간으로 환생은 여의주보다 더 소중합니다. 여의주는 모든 세속적인 소원들을 즉시 이뤄주나, 인간 환생은 그보다 더 위대합니다. 왜냐하면 그것은 완전한 깨달음에 대한 소원조차 성취하게 해줄 수 있기 때문입니다."

 그래서 7대 달라이 라마는 인간으로 환생이 "수고해서 구할 가치가 충분히 있는"이라고 말하는 것입니다. 가장 좋은 것은 이생에 우리가 깨달음을 성취하는 것입니다. 이 일에 성공하지 못하면, 차선은 인간으로 환생하여 다음 생에서 우리들의 수행을 계속하는 것입니다. 우리가 인간으로 환생을 보장하는 길은 강한 귀의심, 청정한 지계, 그리고 깊은 서원을 갖는 것입니다.

82

어떤 노력을 해야
약간의 이익을 가져올 수 있을까요?
어떤 노력이든지 창의적인 현존으로[주의해서] 하고,
거기에 미래에 대한 생각을 가미하면 됩니다.

 사람들은 누구나 영웅이 되고, 자기와 남들에게 유익할 극적인 행동을 하길 바랍니다. 깊은 내면에서는, 누구나 세상에 이익을 주길 원합니다. 그러나 그러기 위해 우리가 할 수 있는 것은 무엇일까요? 7대 달라이 라마에 의하면 우리는 주어진 순간의 요구에 우리들 자신을 맞추고, 그 기반 위에서 행동할 때 불방일(conscientiousness)하게, 미래에 대한 생각을 갖고 해야 합니다.

 여기 "창의적인(긍정적인) 현존(現存)"을 가리키는 티베트 말은 박요(bak yo)입니다. 이것은 이와 비슷한 용어인 덴빠(drenpa, 흔히

"억념mindfulness"로 번역됨)와 쉬신(shezhin, 흔히 "경계alertness"로 번역됨)과 구별해야 합니다. 박 요는 (51가지 이차적인 마음의 기능들 중에서) 11가지 긍정적 이차적인 마음들 중 아홉 번째 마음(불방일不放逸)입니다. 이것은 마음의 흐름에 주의를 기울이는 마음의 힘으로, 건전한 것을 유지하고 불건전한 것을 피하는 현존으로 정의됩니다. 이 마음의 힘은 마음 내부에 안정과 더 높은 명상적 집중력을 기르기 위해 필요 불가결합니다.

그래서 7대 달라이 라마가 말하는 것입니다. 어떤 행동이 유익한 것은 마음의 흐름이 선(善)이라는 근본적인 원칙들을 고수하는 것에 그것(행동)이 기반을 두고 있을 때이며, 그리고 그것(행동)이 미래를 생각하는 정밀함과 보살핌으로 행해질 때입니다.

(보충) 유익한 행동: 1) 선(善)한 행동, 2) 미래를 생각하며 하는 행위

(보충) **붓다의 충고**

그대가 걷거나 음식을 먹거나 여행할 때,
그대가 있는 곳에 있으라(현존하라,
그대의 마음을 두라). 그렇지 않으면,
그대는 그대의 인생의 대부분을 놓칠 것이다.

As you walk and eat and travel,
be where you are, otherwise you will
miss most of your life.

83

어떤 일이, 비록 자기를 잊고(selflessly) 하더라도,
가장 잘 자신의 목표를 실현해줍니까?
그건 보리심에 기반을 두고, 따라서 자기-중시
(self-cherishing)에 의해 왜곡되지 않은 것입니다.

보리심(bodhichitta)은 붓다께서 가르치신 대승의 바로 기반입니다. 이것은 보편적인 사랑(慈자)과 연민(悲비)으로부터 일어나며, 여기에 수반되는 깊은 충동은 언제나 다른 중생들에게 이익만 주려는 것이며, 보편적인 자비를 실현하는 수단으로 완전한 깨달음을 얻으려는 서원으로 승화됩니다. 쫑카빠 대사가 이것을 "과거와 현재, 미래의 모든 붓다들이 걸어오셨고, 걷고 계시며, 걸으실 길"이라 불렀던 것은 이것이 깨달음을 일으키는 마음의 경험의 기반이기 때문입니다. 어떤 시대나 장소에서든지 깨달음을 성취하는 사람은 보리심의 경험이 자연스럽게 펼쳐지기 때문에 그렇게 되는 것입니다.

불교 경전에서 보리심을 불러일으키기 위해 옹호되는 방법들이 되풀이해서 사용하는 말은 "모든 중생들의 이익을 위해"입니다. 예를 들어, 로종(Lojong) 수행에 관한 책들이 권장하는 것은 우리가 모든 행동을 시작할 때 그 행위가 모든 중생들에게 이익이 되도록 의식적으로 기원하라는 것입니다. 우리는 이 이타적인 생각을 그 활동 내내 유지하고, 끝날 때는 발생된 긍정적인 에너지(공덕)를 모든 중생들의 이익을 위한 깨달음의 성취에 회향해야 합니다. 마찬가지로, 딴뜨라 명상을 시작할 때 보리심을 일으키기 위해 흔히 사용되는 의례에는 이런 말이 나옵니다. "모든 중생들에게 최대의 이익이 되기 위한 수단으로 빨리 최고의 깨달음을 성취하기 위해, 저는 이제 이 딴뜨라 수행법을 행합니다."

7대 달라이 라마가 여기서 지적하는 것은 이런 식으로 언제나 남들에게 이익이 되는 것에 대한 명상은 사실상 자기 자신에게 최대의 이익을 가져온다는 것입니다. 더 많이 우리가 사랑과 연민을 일으키면, 우리는 더 행복해지고 더 만족하게 되며, 더 많이 자기-중시를 보편적인[모든 중생들에 대한] 관심으로 대치하면, 더 많이 자기 자신에게 이익을 가져옵니다.

84

언제나 주의를 기울여야 할 충고를 하는
가장 훌륭한 롤 모델(role model)은 누구입니까?
그건 내부 통제를 확립하고
부드럽고 진실한 말로 얘기하는 사람입니다.

내부 통제가 여기서 가리키는 것은 두 가지입니다. 첫째, 이것이 암시하는 것은 자기를 남들보다 중시하는 태도가 감소되고, 보편적인 사랑과 연민으로 대치되었다는 것입니다. 둘째, 이것이 암시하는 것은 존재의 공성을 파악하는 지혜가 일어나고, 그리하여 가짜 자아에 대해 집착하는 마음이 진정되었다는 것입니다. 그 결과 확립된 "내부 통제"는 금욕적인 의지력의 강요된 행위가 아니라, 부정적인 마음의 완화이며, 보편적으로 진실하고, 선하고, 유익한 마음으로의 전환입니다. 이러한 시간을 초월한 행위를 성취한 사람이 진실하고 믿을 만한 롤 모델입니다.

7대 달라이 라마가 덧붙여, "부드럽고 진실한 말로 말한다"고 하는 것은 우리는 실제로 누가 내적으로 깨달은 분이고 아닌지 알 수 없기 때문입니다. 우리가 알 수 있는 것이라고는 그 사람이 밖으로 드러내는 표현뿐입니다. 우리들의 행위는 과거의 위대한 스승들이 세워놓은 모범적인 생활방식에 맞아야 합니다. 우리는 그들의 말을 조사하는 것 외에 이러한 외부 표현이 얼마나 깊은 것인지[진실한지] 알 길이 없습니다.

마찬가지로 우리들 자신이 언제나 우리들의 말을 부드럽고 진실하게 유지하는 전통을 본받아야 합니다.

85

식욕은 죽이나 영혼은 부활시키는
소중하고 희귀한 약은 무엇입니까?
그건 남들이 자신의 허물에 대해 말해주는
진실하고 유익한 말입니다.

12세기의 까담빠 스승이 언젠가 말했습니다. "누가 당신 자신에게 허물을 발견할 때마다, 소중한 보물을 발견한 사람처럼 기뻐하십시오. 그걸 알게 되었으니, 당신은 이제 그걸 극복할 희망이 좀 있는 것입니다. 그렇지 않고, 그걸 숨기거나 묻어버린다고 그것이 결코 사라지는 것은 아닙니다."

일반적인 사람들은 개인적인 비판에 대한 반응으로 자신을 방어하거나 화를 냅니다. 로종(Lojong, 마음 바꾸기 수행)의 전통에서 수행자는 언제나 일반적인 것의 반대를 개발합니다. 이 경우에 이것이 의미하는 것은 비판에 대해 마음을 열고 고마워한다는 것입니다.

2대 빤첸 라마는, 7대 달라이 라마의 스승들 중의 한 분이었는데, 말했습니다, 우리는 우리들을 비판하는 분들을 우리들의 스승님들의 화현으로 간주해야 한다고. 그는 나아가서 설명했습니다, 이렇게 함으로써 우리는 화내고 분개하여 짓는 부정적인 업을 피할 뿐만 아니라, 또한 자기 자신에 대해 어떤 것을 깨달을 문을 연다고. 비판에는 우리가 이익을 얻을 수 있는 어떤 진실이 들어있을 수 있습니다.

인도의 스승 샨띠데와가 지적한 바에 의하면 비판을 침착하게 받아들이는 것은 마음을 정화하기 위한 탁월한 수행입니다. 그것은 오만과 에고중심적인 점을 줄여줄 뿐만 아니라, 또한 어떤 사람의 공격에 정면으로 맞서는 경향을 드러내줍니다. 침착하게 이 과정을 관찰하고 세 바퀴(삼륜) - 비판하는 사람, 비판 받는 사람, 비판이라는 행위 - 의 공성[三輪淸淨삼륜청정]에 대해 명상함으로써 업의 씨앗이 뽑혀져서 파괴됩니다.

86

아무리 마셔도 충분하지 않은
강력한 감로수와 같은 것은 무엇입니까?
그건 다르마의 핵심 의미를 드러내주는
최상의 구두 가르침들입니다.

불교의 로종 전통을 인도네시아로부터 티베트로 가져온 위대한 인도의 스승 아띠샤(Atisha)가 강조한 것은 핵심적인 구두 전승의 가르침들의 학습과 수행이었는데, 이것은 위대한 불교 고전과 대조됩니다. 구두 가르침 법맥들은 일반적으로 다양한 붓다의 가르침들을 통합하여 통합한 사람의 직접적인 경험에 맞게 업데이트합니다. 그래서 이들은 더 형식적인 전수보다 더 즉각적으로 마음을 변화시킵니다.

7대 달라이 라마가 이들 구두로 전승되는 법맥을 "강력한 감로수"라고 부르는 것은 천신들의 감로수가 모든 질병을 치유하고 즉각적으로 그것을 얻는 행운을 가진 사람의 몸에 원기를 회복해주듯이, 마찬가지로 구전 가르침은 쉽게 수행자의 모든 마음의 왜곡들뿐만 아니라, 악업의 습기를 치유해주고, 또한 깨달음이란 완전한 원기회복을 가져오기 때문입니다.

모든 티베트의 불교 종파는 수많은 법맥을 갖고 있습니다. 이들 중 일부는 인도와 다른 나라들로부터 나왔고, 다른 것들은 깨달음을 성취한 위대한 티베트의 스승들에 의해 만들어진 것입니다. 오늘날 대부분의 티베트인들은 이들 중 하나나 그 이상을 수행하며, 동시에 고전에 대한 공부로 구전 가르침에 대한 수행을 보충합니다.

87

가장 주의해서 지켜야 할
최상의 보석은 무엇입니까?
그건 의지하면, 변화를 가져오는, 자기가
들은(공부한) 법문(法門, 가르침)의 핵심입니다.

이 게송의 주제는 앞의 게송의 계속인데, 거기에서 7대 달라이 라마는 많은 경험적인 가르침과 논설의 중요성을 지적했는데, 여기에서 그가 지적하는 것은 우리가 가르침을 들은 후에 해야 하는 것은 그것을 실천해야 한다는 것입니다. 깨달음의 방법들에 관한 가르침을 듣는 것은 강력한 약이나, 환자는 의사가 처방한 약을 복용해야 치료되듯이, 마찬가지로 우리는 우리가 배운 가르침의 핵심을 우리들의 것으로 만들고 실천해야 바라는 효과를 얻을 수 있다는 것입니다.

5대 달라이 라마가 언젠가 글에서 썼습니다, "하나의 수행 방법을 배워 그것을 잘 실천하는 것이 많은 가르침을 듣고 실천하지 않는 것보다 더 낫습니다." 또 위대한 스승 싸꺄 빤디따(Sakya Pandita)도 말했습니다, "시작할 때는 많은 가르침을 들어(聞文)야 합니다. 중간에는 그들의 의미를 깊이 사유(思사)해야 합니다. 끝에는 명상(修수)을 통해 그것들을 철저히 자신의 것으로 만들어야 합니다."

7대 달라이 라마는 우리가 수행을 지키는 것을 우리가 소중한 보석을 지키는 것과 같다고 말합니다. 불교에서는 우리들의 수행상의 발전에 대한 유일한 책임은 우리들 자신의 손 안에 놓여있습니다, 보석의 주인에게 그것의 안전에 대한 책임이 있듯이. 만일 우리가 부주의하면, 그 보석은 쉽게 잃어버릴 수 있습니다. 마찬가지로, 만일 우리가 우리들의 수행을 잘 보존하지 않으면, 그것은 쉽게 빈(공허한) 말의 영역 안으로 떨어질 수 있습니다.

88

누가 자기 손 안에
모든 기쁨의 씨를 지니고 있습니까?
그건 모든 최상의 것의 원천인
방대한 선(善)을 저장해놓은 사람입니다.

여기에서 "저장된 선"을 위해 사용된 말은 쐬남(sonam), 싼스끄리뜨어로 뿌냐(punya)입니다. 티베트 불교는 수행을 방편과 지혜로 나누는데, 방편 수행은 쐬남(흔히 공덕이라 번역됨) 즉 공덕을 낳고, 지혜 수행은 통찰력을 낳습니다. 쐬남은 모든 도움이 되는 환경, 그리고 그리하여 마음이 경험하는 행복이나 기쁨을 일으키는 긍정적인 에너지의 기반입니다. 지혜는 그 기쁨을 더 높은 초월로 돌릴 수 있는 자유를 마음속에 일으킵니다. 쐬남은 "긍정적인 업"과 매우 같은 의미를 갖고 있지만, 가리키는 것은 다릅니다.

게송 57에 대한 해설에서 말했듯이, 수행의 이들 두 양상은 때로는 "두 자량"이라 불립니다. 대승 불자들은 선(善), 혹은 공덕 자량을 모으고, 또한 지혜, 혹은 통찰력을 모읍니다. 전자는 종국에 가서 깨달음(붓다)의 형체의 몸(色身색신)이 되고, 후자는 지혜의 몸(法身법신)이 됩니다.

다시 말해, 여섯 가지 보살의 바라밀 중에서 첫 다섯은 방편이고, 여섯째는 지혜입니다. 그래서 첫 다섯은 공덕에 이바지하고, 여섯째는 통찰력에 이바지합니다. 이것이 11세기 인도의 스승 아띠샤가 이 문제에 대해 말한 방법입니다.

그 이전의 인도의 스승 찬드라끼르띠가 말한 바에 의하면, 첫 세 바라밀(즉, 보시, 지계, 인욕)은 방편과 관련되고 (그리고 그래서 공덕),

여섯째는 직접적으로 지혜(그리고 그래서 통찰)와 관련됩니다. 남은 넷째와 다섯째 바라밀(즉, 정진과 선정)은 집중하는 데 따라 방편도 되고 지혜도 됩니다. 첫 세 바라밀과 연관해서 사용되면 이들은 공덕 요소가 되고, 여섯째 바라밀과 연관해서 사용되면 이들은 지혜 요소가 됩니다.

89

어떤 최상의 소유물이 소유자에게
모든 유익한 것을 가져옵니까?
그건 다르마 수행입니다, 왜냐하면 이것은
모든 부정적인 것으로부터 보호해주기 때문입니다.

다르마 혹은 수행의 정의들 중의 하나는 "마음을 고통으로부터 보호해주는 것"입니다. 다시 말해, 어떤 방법이 진실로 수행적인 것이 되려면 그것의 이용이 수행자의 마음의 흐름을 고통의 두 가지 원인들인 악업과 번뇌로부터 끌어내야 합니다. 이런 점에서 실패하는 소위 수행 방법들은 기분 전환에 불과합니다. 어떤 방법이든지 우리들을 악업과 번뇌로부터 끌어내주는 것이 다르마입니다.

다르마(dharma)는 흔히 "종교"로 번역됩니다. 그러나 다르마에 대한 위의 정의는 더 넓은 의미를 제시합니다. 이러한 다소 크고 포용적인 태도 때문에 대승 불교는 세 셈족의 종교들 – 유대교, 기독교, 이슬람 – 이 너무도 흔히 보여주는 것과 같은 진리에 대한 독점적인 정책을 개발한 적이 드물었습니다. 대신에, 그것은 일반적으로 다른 종교의 전통들을 깨닫지 못한 존재에 퍼져있는 고통의 망으로부터 중생들을 끌어내기 위한 다른 수단을 제공하는 것으로 봅니다.

다르마의 수행이 우리들을 부정적인 것으로부터 보호해주는 것은 관습적인 수준에서는 악업과 번뇌를 완화시키는 것에 의해서이고, 궁극적인 수준에서는 존재의 둘이 아닌 성격[色색=空공]을 파악하고, 그리하여 자아가 별도로, 독립적으로 존재한다는 집착(생각)을 뿌리 뽑는 통찰을 일으키는 것에 의해서입니다.

90

**시골과 도시에 거주하는 사람들에게 다같이
상서로운 징조는 무엇입니까?
그건 사람들 사이에 화합을 구하고
남들에 대해 행복하기만 바라는 사랑입니다.**

7대 달라이 라마가 여기 화합을 위해 사용하는 말은 뿐쭌 이뚜 옹와(puntsun yitu ongwa)인데, 이것의 문자 그대로 의미는 '서로를 애정을 갖고 보는 것"입니다. 이뚜 옹와의 문자 그대로의 의미는 "마음을 기쁘게 만드는 것"이고, 어머니가 하나뿐인 자식을 볼 때 반응하는 방식에 비유됩니다. 단지 자식을 보기만 해도 어머니의 마음은 즐겁고 기쁩니다.

남들과 함께 있는 것을 언제나 기뻐하고, 그들의 행복만을 바라는 마음의 특징이 사람에게 있는 "상서로운 징조"입니다. 구름의 형성,

꿈 등과 같은 것에서 보이는 상서로운 징조가 좋은 일이 찾아올 전조이듯이, 언제나 남들을 애정과 공감을 갖고 바라보는 마음의 특징은 그런 마음을 가진 사람이 행복으로 가고 있다는 것을 보여줍니다. 우리가 언제나 사랑을 갖고 남들을 바라보는 마음을 확립하면, 우리들의 세상에 대한 경험은 더 사랑으로 차고, 평화로우며, 만족을 줍니다.

붓다께서 말씀하셨습니다,

"마음속에 사랑이 있으면 즉시 자신의 주위에 있는 모든 부정적인 에너지는 진정된다. 번뇌의 힘은 약해지고, 악업의 속박은 풀어진다."

(보충)   마음속이 사랑과 같은 긍정적인 에너지로 가득 차 있으면
         미움과 같은 부정적인 에너지가 들어올 수 없습니다,
         빛이 있는 곳에 어둠이 들어올 수 없듯이.

(보충)   **위대한 지혜와 사랑의 통합력**

         그대의 사랑을 통해 유와 무가 통합되고
         모든 반대되는 것이 하나 되며
         모든 저속한 것이 다시 신성한 것이 됩니다.

         　　　　　　　　　　　　　　　　　　-루미(Rumi)

         사람들은 가장 나쁜 짓을 할 수 있지만,
         또한 자기 자신을 초월하여, 다시 좋은 것을 선택하고,
         새로운 출발을 할 수 있습니다... 진정한 자유로 가는
         새로운 길을 시작하기 위해서 말입니다.

         　　　　　　　　　　　　　　　　-프란체스코 교황(Pope Francis)

(보충)　　얼마나 행복한가,
　　　　　 기쁨과 고통 하나로 느끼니!　　　　　　　-밀라레빠

남성 안에 여성의 요소(에너지)가 있고 여성 안에 남성의 요소가 존재합니다.

이것이 보여주는 것은 통합이 가능하다는 것과 모든 것은 통합을 지향한다는 것입니다. 아니, 모든 것은 통합의 산물입니다.

우리가 괴로움을 경험하는 까닭은 우리가 내면적으로 이런 통합을 실현하지 못했기 때문입니다. 당신은 결코 혼자가 아닙니다. 당신은 이 세상 모든 것과 하나입니다.

91

우리가 군중 속에 있을 때
무엇을 가장 주의해서 지켜야 합니까?
그건 몸과 말의 행동(身業신업과 口業구업)인데,
이 둘을 결정하는 것은 마음입니다.

이것과 다음 게송은 11세기 까담빠 스승님들의 다음 말씀의 반복입니다.

"남들과 함께 있을 때는 몸과 말의 모든 움직임을 감시하고, 혼자 있을 때는 마음의 모든 움직임을 감시하시오."

우리들의 모든 업은, 긍정적인 것과 부정적인 것 모두, 이들 세(3) 문을 통해서 흐릅니다. 우리는 이들을 통해 에너지를 받아들임으로써 세상을 경험하고, 이들을 통해 에너지를 내보냄으로써 세상에 영향을 줍니다.

우리들의 운명에 대한 장악을 확립해줄 수 있는 것은 오로지 이들 셋 내부에서 일어나는 움직임들에 대한 통제에 의해서입니다.

까담빠 스승님들은 권장하셨습니다, 우리가 혼자 있을 때는 평화와 고요를 이용하여 앉아서 명상하며 우리들 자신의 마음의 더 깊은 수준을 관찰하고, 우리가 남들과 함께 있을 때는 우리가 집중하는 대상을 마음의 변화로부터 몸과 말의 활동으로 바꿔야 합니다. 왜냐하면 이것은 마음의 수행을 통해 우리가 발전하고 있는지 혹은 아닌지를 보여주기 때문입니다.

92

우리가 지켜야 할
도움이나 해악의 기반은 무엇입니까?
그건 선과 악 양쪽의 기반인
자기 자신의 마음의 상태입니다.

비록 몸과 말의 활동을 관찰하는 것이 우리들 자신을 이해하고 우리들의 삶의 질을 개선하는 데에 도움이 될 수 있으나, 이들 활동은 마음 자체로부터 나오므로, 마음을 이해하는 것은 지속적인 행복을 구하는 사람에게 가장 중요한 것입니다.

7대 달라이 라마가 마음을 "선과 악 양쪽의 기반"이라 부르는 것은 우리가 우리들의 삶을 이용하여 남들과 자기 자신을 돕거나 해치는 것은 우리들의 마음의 상태에 달려있기 때문입니다. 이런 이유로 붓다께서 마음을 정해지지 않은 현상이라고 말씀하셨는데, 이것의 의미는 마음은 긍정적이거나 부정적으로 정해진 것이 아니라는 것입니다. 우리가 분노와 질투, 탐욕 등과 같은 부정적인 요인들이 지배하게 허용하면, 마음은 부정적이 됩니다. 그러면 우리는 이들 부정적인 힘에 지배되어 몸과 말의 부정적인 활동에 들어가게 되어, 자신과 남들에게 해와 고통을 가져오는 것입니다. 정해지지 않은 마음이 그리하여 악이 됩니다. 반대로, 우리가 이들 부정적인 마음의 요인들에 대해 지키고 대신 그것들과 반대되는 것들, 사랑, 연민, 관용, 용서 등을 개발하면, 우리는 이들 긍정적인 힘에 지배되고, 우리들의 마음은 긍정적인 현상이라고 말할 수 있습니다.

우리는 모두 우리들의 마음의 흐름 속에 긍정적인 업과 부정적인 업 양쪽의 씨앗을 지니고 있고, 그리하여 선이나 악이 될 잠재력을 갖고 있습니다. 이것은 더 높은 지혜를 성취하여 내면의 업의 습기의 힘을 초월하고 해탈을 성취할 때까지 계속됩니다. 7대 달라이 라마가 우리들에게 충고하는 것은 그 지혜를 얻을 때까지, 그리고 또한 그 지혜를 일으키는 수단으로 우리들의 마음의 흐름을 끊임없이 지켜보라는 것입니다.

93

살아있는 모든 사람들로부터
연장자로 존경받는 분들은 누구입니까?
그건 존재의 본성(공성)을 분별할 수 있는
지혜의 빛을 갖고 있는 분들입니다.

한편으로는 세 바퀴의 공성(空性)이 있습니다. 찾을 수 있는 행위자도, 찾을 수 있는 행위도, 그리고 찾을 수 있는 그 행위의 대상도 없습니다.[三輪淸淨삼륜청정] 이들 세(3) 바퀴는 모두 진실한, 별도의, 고유한, 또는 찾을 수 있는 현실이나 자기-성품(自性자성)이 없습니다. 이들은 단지 마음의 이름표로 관습적으로 존재할 뿐입니다. 이와 달리, 유식학파의 언어로 이들은 단지 자기 자신의 마음의 반영(反映)일 뿐입니다. 모든 것을 이런 식으로 이해하면 인도의 스승 찬드라끼르띠가 말하는 "큰 관용"이 마음속에 일어납니다. 우리가 모든 것을 단지 이름표로 보면, 큰 부드러움, 원만, 인내가 특징인 마음가짐을 갖게 됩니다.

다른 한편으로는 현상이나 일의 관습적인 나타남이 있는데, 이것은 존재의 기능적은 수준입니다. 그것의 내부에나 주위에는 아무것도 진실한 실재성을 갖고 있는 것이 없으나, 그럼에도 불구하고 그것이 진실로 존재한다고 집착(생각)하는 사람들의 마음속에는 그것이 마치 현실인 것처럼 작용합니다. 관습적인 수준에서는 인과의 법칙이 작용합니다.

나타나는 모든 것에 대한 이런 두 면을 인식하는 사람들은 지혜의 빛이 밝혀주므로, 모든 중생들에 의해 진정한 연장자로 존경받아 마땅합니다.

나이는 많으나 이런 지혜가 없는 분들은 삶의 어려움을 견디고 살아남은 데 대해 존경을 받아야 할 뿐입니다. 그러나 그들은 진정한 연장자가 아니고, 7대 달라이 라마가 그의 글 다른 곳에서 표현하듯이, "모든 것의 단순한 나타남에 속는 아이들"입니다.

(보충) 우리들의 눈에 보이는 것들은 실상(reality)이 아니므로 거기에 속는 사람들은 심오한 공성의 지혜가 없는 아이들이나 마찬가지입니다.

겉모습에 속지 말고 항상 본성을 보도록 노력하십시오!

94

인간으로 태어난 사람들 중에서 누가
가장 의미 있는 생계를 구한 것일까요?
그건 자기들의 밤과 낮을 모두를 위한
선(善)과 행복에 바치는 분들입니다.

붓다께서는 깨달음의 길을 여러 가지로 설하셨습니다. 이들 중 하나가 성인(聖人)들이 가르치는 팔정도, 즉 바른 견해, 바른 이해, 바른 말, 바른 행동, 바른 생계, 바른 서원, 바른 억념, 바른 삼매였습니다.

그는 이들 중 다섯째, 바른 생계를 재가자를 위한 특히 미묘한 관심사로 강조하셨습니다. 그 당시 인도에서 승려들은 하루에 한 번 구걸해서 살았으므로 그들에게 바른 생계는 간단한 문제였습니다. 돈을 만지거나 다루지 말라는 계율 때문에 더욱더 그들은 검소한 삶을 유지했습니다.

그러나 재가자에게 외적인 사정은 훨씬 더 복잡합니다. 세를 내고, 아이들과 노인들을 부양하며, 물질적인 세계를 유지하는 요구가 아주 쉽게 부정적인 태도와 에너지, 활동이 잠입할 수 있는 상황을 만듭니다. 쫑카빠 대사가 말했듯이, "누구나 가족과 친구를 사랑합니다. 불행하게도 많은 사람들이 많은 악업을 짓는 것은 그들이 사랑하는 사람들에게 이익을 주기 위해서고, 또 그들이 그들에게 위협이 된다고 생각하는 사람들을 해치기 위해서입니다."

7대 달라이 라마가 제시하는 간단한 방법으로 재가자가 언제나 바른 생계를 유지할 수 있는 것은 낮과 밤 모든 활동을 세상의 선(善)과 행복에 회향하는 것입니다. 이런 기본적인 원칙으로 모든 행동을 하면 자동적으로 그것은 긍정적이고 선한 것으로 전환됩니다.

95

세상의 배운 사람들 중에서
누가 가장 지혜롭습니까?
그건 손을 사용해서 적절한 것을 집어 들고(취하고)
[적절하지 않은 것을]내려놓는(버리는) 분들입니다.

"집어 들고 내려놓다"에 대한 티베트어 표현은 랑 도르(lang dor)인데, 이것은 순간으로부터 순간으로 살아가는 과정에 대한 세속적인 은유입니다. 삶의 매순간 우리는 어떤 것을 집어 들고 어떤 다른 것을 내려놓습니다.

랑 도르는 달리 "취하고 버리다"로 옮길 수 있습니다. 매순간 우리는 우리가 부딪치는 상황을 어떻게 처리해야 할지 결정해야 합니다. 우리가 선택하는 반응이 우리가 "취하는" 것이고, 우리가 취하지 않는 것이 우리가 "버리는" 것입니다.

부딪치는 상황에 대한 일반인들의 반응은 대개 무의식적이고 본능적입니다. 불자들이 말하듯이, 그것들은 "업의 성향에 기반을 둔" 것입니다. 다시 말해, 그것들은 성격이 순환적이고, 따라서 낡은 유형의 단순한 반복입니다.

수행의 길을 따르는 분들이 배우는 것은 일을 처리하는 무의식적이고 업적으로 본능적인 방법을 우회하고 대신 이 과정에 알아차림이나 분별을 들여오는 것입니다. 다시 말해, 그들이 배우는 것은 지혜를 자기들의 삶에 가져오는 것입니다.

모든 배운 사람들 중에서, 지혜로운 분들은 자기들이 획득한 지식을 자신들의 삶을 바꾸는 일에 가져오는 것을 배우는 분들입니다. 그들이 할 수 있게 되는 것은 더 높은 존재와 변화의 길로 인도하는 방안들을 선택하고, 행복과 성장을 방해하는 유형들(방안들)을 버리는 것입니다.

(보충)   요컨대, 지혜로운 취사선택이 지혜로운 삶의 방식입니다.

96

**남들에게 끼치지 말아야 할
해는 무엇입니까?
그건 자기 자신이 받고 싶지 않을
바로 그런 해입니다.**

7대 달라이 라마의 여기 말은 다소 예수님의 다음 지시를 생각나게 합니다,

"남들에게 하시오, 그대가 그들이 그대에게 해주길 바라는 대로."

그러나 7대 달라이 라마는 이것을 이중 부정의 형태로 표현합니다,

"남들에게 하지 마시오, 그대가 그들이 그대에게 하기 바라지 않는 것을."

예수님의 표현은 불자들이 말하는 보편적인 사랑(자), 즉 남들이

행복하기를 바라는 염원이 될 것입니다. 7대 달라이 라마의 표현은 불자들이 말하는 연민(비), 즉 남들이 불행으로부터 벗어나기를 바라는 염원이 될 것입니다.

붓다께서 가르치신 대승의 핵심은 보편적인 자비의 교리입니다. 3대 달라이 라마가 말했듯이, "과거의 모든 위대한 스승님들이, 깨달음을 성취한 후에, 내면의 평화와 기쁨을 가르친 것은 그들 자신에게 이익을 주기 위해서가 아니라 중생들에게 이익을 주기 위해서였습니다. 그들이 깨달음의 방편들을 설명한 것은 오로지 자비심에서였습니다. 만일 우리들 자신이 그들이 가르친 것을 실천한다면, 우리는 이러한 자비에 대한 헌신을 존중하고 우리들 자신이 언제나 그것을 실천해야 합니다. 적어도, 우리는 결코 불필요한 해를 중생들에게 끼치지 말아야 합니다."

97

언제나 남들에게 유익한
최상의 선(善)은 무엇입니까?
그건 길들이기 어려운 자기 자신의 마음을
완전히 길들이는 것입니다.

우리가 세상에 이익을 주기 위해 할 수 있는 것은, 지역사회에서의 자원봉사나, 우리가 좋아하는 자선 단체에 기부, 고귀한 정치적인 운동에 참여 등과 같은 여러 가지 작은 일들이 있습니다. 그러나 이런 것들이 아무리 좋아도, 이들 자체의 가치는 제한된 것입니다. 우리들 자신의 마음이 아집(我執)의 무지에 지배되고, 우리들 자신의 존재의 무한성을 이해하지 못하는 한, 우리들은 계속해서 탐욕과 분노, 질투, 오만과 수많은 그 밖의 번뇌에 시달릴 것입니다. 그 결과 우리는 계속해서 이들 왜곡된 힘에 기반을 둔 행동을 하게 되고 자기와 남들에게 해를 가져올 것입니다.

최상의 자원봉사 활동은 자원해서 깨달음의 마음을 성취하는 것이고, 최상의 보시는 세상에게 자기 자신의 초월을 주는 것이며, 최상의 정치적인 운동은 까르마와 번뇌로부터 자기 자신을 해방시키는 것입니다.
이것이 우리가 집중하는 것일 때, 모든 우리들의 다른 좋은 행위는 의미 있게 될 것입니다.

(보충) 당신의 마음을 바꾸고,
나머지는 있는 그대로 내버려두시오.　　　-티베트의 속담

Change your mind;
leave the rest as it is.　　　-A Tibetan saying

98

결코 소모될 수 없는
최상의 보물은 무엇입니까?
그건 아무것도 기대하지 않고 승가나
가난한 사람들에게 보시하는 것입니다.

이 게송으로 7대 달라이 라마가 다루는 것은 여섯 가지 보살의 완성 혹은 육바라밀, 즉 보시, 지계, 인욕, 정진, 선정, 지혜입니다. 인도의 스승 나가르주나가 말했듯이,

"과거, 현재, 미래 삼세의 모든 부처님들의 길은 전적으로 육바라밀의 길입니다."

"완성"에 대한 싼스끄리뜨어는 빠라미따(paramita), 또는 "넘어간"이라고 하는데, 그것은 육바라밀이 수행자를 일반적인 윤회의 경험을 넘어가게 하기 때문입니다. 더욱이, 모든 육바라밀은 함께 수행되며, 그리하여 여섯째 바라밀, 지혜에 의해 승화되는데, 이런 의미에서 이들은 "세상을 넘어" 있습니다.

이런 이유로, "여섯 초월"이 아마 "여섯 완성"보다 더 정확한 번역일 것입니다. 그러나 지난 백 년 동안 서구의 불교가 후자를 서구인들의 마음속에 더 굳게 자리 잡게 만들어왔습니다.

7대 달라이 라마가 보시를 "최상의 보물"이라 부르는 것은 그것을 통해 우리가 자기 자신과 남들에게 이익을 주기 때문입니다. 보시 행위는 받는 사람에게 뿐만 아니라 주는 사람에게도 기쁨의 원천입니다. 인색함이 개인적인 불안정을 강화하고, 또한 자기가 가진 것을 즐

기지 못하게 하는 반면에, 보시는 자기가 가진 것을 인식하게 고무하고 그것을 즐기는 것을 촉진합니다. 사실, 물질적인 것을 즐기는 것 자체가 보시로부터 나옵니다. 쫑카빠 대사가 말했듯이,

"보시의 완성(보시바라밀)은 세상의 희망을 충족시켜주는 마력의 보석이고, 가슴을 옥죄는 탐욕의 매듭을 자르는 가장 좋은 도구이며, 영혼의 실패하지 않는 힘을 낳는 보살행이고, 유익한 평판의 기반입니다."

보편적인 자비에 기반을 둔 보시바라밀은 세 가지로 수행됩니다. 이것을 3대 달라이 라마는 이렇게 말했습니다,

"보시바라밀 수행이 의미하는 것은 물질적인 것, 좋은 조언, 그리고/혹은 위험으로부터 보호, 그리고 청정하고 자유로운 마음으로부터 그렇게 하는 것입니다." 여기에서 강조되는 것은 마음의 청정과 자유입니다.

(보충) 2013년 하버드 경영대학 연구에 의하면 500달러를 기부하는 것은 추가로 소득이 10,000 달러를 벌었을 때 자기가 얼마나 부유한지에 대해 느끼는 것과 동일한 효과를 갖는다고 합니다.

99

악마들 중에서 가장 사악한 것을 파괴하는
마력적인 의식(의례)은 무엇입니까?
그건 몸과 말, 마음의 허물로부터 멀리
자기 자신을 잡아매는 지계입니다.

육바라밀 중에서 둘째는 지계바라밀입니다. 이 바라밀의 정의는 자기와 남들에게 해로운 것을 피하고 유익한 것을 성취하려는 마음의 작용입니다. 불교 문헌에 언급된 세 종류의 지계는 해로운 활동을 피하는 지계, 건전한 활동을 성취하는 지계, 그리고 남들을 위해 일하는 지계입니다.

붓다께서 말씀하셨습니다,

"마치 땅이 중생들의 모든 먹을 것을 기르는 터전이듯이, 지계가 명상과 지혜를 포함한 모든 좋은 자질들을 보존하고 증장하는 터전이다."

다시 말해, 지계가 모든 마음의 성장의 기반입니다.

쫑카빠 대사가 말씀하셨습니다,

"지계는 부정한 것의 얼룩을 씻어버리는 물이요, 번뇌의 열기를 식히는 달빛이며, 중생들 가운데 산처럼 우뚝 솟은 빛이고, 평화적으로 인류를 통합하는 힘입니다. 요기인 나 자신이 이것을 길렀습니다. 해탈을 구하는 여러분도 마찬가지로 해야 합니다."

100

어떤 유형의 무기도 결코 뚫을 수 없는
갑옷은 무엇입니까?
그건 모욕과 공격으로부터 일어나는 도전에
직면해서 참는 것(인욕)입니다.

보살도의 여섯 바라밀 중 셋째는 인욕바라밀입니다. 여기서 우리가 훈련하는 것은 살아가면서 만나는 세 가지 유형의 시련, 즉 다른 중생들로부터의 해, 가끔 삶이 우리들에게 던지는 아픔과 통증과 도전, 그리고 수행하는 중에 만나는 어려움들을 부드럽고 편안한 마음으로 맞이하는 것입니다.

쫑카빠 대사가 말했습니다,

"인욕은 진짜 영웅의 가장 좋은 장신구이고, 번뇌를 극복할 최상의 금욕이며, 분노의 뱀을 죽이는 독수리이고, 우리들을 해악의 화살로부터 보호해주는 갑옷입니다. 요기인 나 자신이 이것을 길렀습니다. 해탈을 구하는 여러분도 마찬가지로 해야 합니다."

인도의 스승 샨띠데와에 의하면 자연적인 인욕이라는 내면의 자질을 기르기 위한 최상의 방법은 경험의 세 가지 바퀴, 즉 인욕을 실천하는 자기 자신, 자신의 화를 불러일으키는 대상, 그리고 인욕 자체의 공성(空性)[三輪淸淨삼륜청정]에 대한 명상입니다. 이들 셋은 모두 실제로 존재하지 않으며 단지 개념적인 생각에 의해 그려진 환영(幻影)일 뿐입니다. 그들은 단지 마음의 이름표이고, 전혀 고유하게 존재하지 않는 것입니다.

현 달라이 라마 성하께서 언젠가 제게 말씀하신 바에 의하면 인욕을 개발하는 하나의 유용한 방법은 적대적인 마음이 일어날 때마다 그것이 무용(無用)하다는 것을 바라보는 습관을 기르는 것입니다. 당신 자신에게 상기시키십시오, 짜증의 대상은 마치 수학 방정식처럼 풀어야 할 문제라는 것을. 맑고 지속적인 생각이 어떤 수학 방정식을 푸는 데에 분노보다 더 효과적이듯이, 우리가 인생에서 부딪치는 문제들을 더 효과적으로 푸는 것은 맹목적으로 화내고 적대적으로 반응하는 마음보다 부드럽고 편안한 마음입니다.

(보충) 우리가 화를 내는 순간 우리들의 마음속에서 지혜의 공간과 활동은 사라집니다. 우리는 격한 감정의 노예가 되거나 바보가 되는 것입니다.

*

(보충) **노자(老子)로부터 배우는 마음보호를 위한 지혜**

아무도 저를 모욕할 수 없습니다,
왜냐하면 저는 존경을 원하지 않으니까요.

아무도 저를 지게 만들 수 없습니다.
왜냐하면 저는 이기려는 생각 자체를 버렸기 때문입니다.

101

어디든지 조종하는 곳으로 갈 수 있는
마력의 말을 갖고 있는 사람은 누구입니까?
그건 모든 시작한 일을 지칠 줄 모르고 끝내는
기쁜 에너지를 가진(精進정진하는) 사람입니다.

넷째 바라밀은 기쁜 에너지 또는 노력의 바라밀입니다. 이것의 정의는 건전한 노력(善業선업)을 기뻐하는 마음의 작용입니다.

이 바라밀에는 세 가지 양상, 즉 갑옷 같은 정진(이것은 자신감을 갖고 모든 창조적인 활동에 종사하며 어떤 장애에 직면해도 흔들리지 않습니다), 선업에 대한 정진(이것은 창조적인 노력에 결코 싫증 나지 않습니다), 그리고 남들에게 이익을 주기 위해 일하는 정진이 있습니다.

정진은 흔히 갑옷에 비유됩니다. 갑옷이 병사를 적군의 화살과 칼로부터 보호해주듯이, 이 바라밀은 모든 도전과 장애로부터 우리들을 보호해줍니다. 우리들의 노력이 자연히 기쁜 것일 때, 가장 강력한[큰] 장애도 작아 보입니다. 우리는 전투중인 병사 같이 되어, 우리가 받는 상처로부터 힘과 결의가 성장합니다.

일반적으로 우리가 착수한 일에 실패하는 것은 단지 우리가 실패에 굴복하기 때문이지, 우리들의 노력이 성공하지 못했기 때문이 아닙니다. 이 바라밀은 우리들에게 모든 일을 기쁨과 열성으로 대할 용기를 불어넣어줍니다. 쫑카빠 대사가 말했습니다,

"우리가 정진이란 갑옷을 입으면, 배움과 통찰이 커지는 달처럼 자

랍니다. 모든 활동은 의미를 갖게 되고, 착수한 일은 모두 완성됩니다. 요기인 나 자신이 이것을 길렀습니다. 해탈을 구하는 여러분도 마찬가지로 해야 합니다."

(보충)　기쁜 마음으로 대하면 모든 것은 기쁨이 됩니다.

102

심지어 눈으로 볼 수 없는 영상까지 보여주는
반짝이는 거울은 무엇입니까?
그건 동요(掉擧도거)나 무감각(昏沈혼침)으로
흔들리지 않는 확고한 선정(禪定)의 합일상태입니다.

다섯째 바라밀은 선정, 혹은 싼스끄리뜨어로 디아나(dhyana)입니다. 이것은 중국어로는 찬(chan), 일본어로는 젠(zen)으로 번역되어, 이들 이름들의 불교학파를 낳았습니다.

선정은 안정되고 집중된 마음 상태로 억념과 정지(正知)로부터 진화한 것으로 설명됩니다. 이것은 존재의 공성(空性)에 관한 더 깊은 통찰력을 기르는 데에 필요 불가결한 전제조건입니다.

세 가지 유형의 선정은 조사와 분석을 통합하는 선정, 분석은 있으나 조사가 없는 선정, 그리고 둘 다 없는 선정입니다.

쫑카빠 대사는 이 비범한 마음의 힘을 다음과 같이 찬양했습니다,

"선정은 마음을 지배하는 왕입니다. 안정되면, 마음은 산처럼 앉아있고, 지시하면, 이것은 어떤 창조적인 영역에도 들어갈 수 있습니다. 이것은 모든 몸과 마음의 기쁨으로 인도합니다. 요기인 나 자신이 이것을 길렀습니다. 해탈을 구하는 여러분도 마찬가지로 해야 합니다."

인도의 스승 샨띠데와는 선정의 중요성을 강조하면서 말했습니다. "우리들의 마음이 집중되어있지 않으면 우리는 항상 번뇌의 틈바구니에 있는 것입니다. 그러므로 우리는 마음을 집중상태에 유지해야 합니다." 우리들의 마음집중력이 약하면, 분노와 탐욕 등과 같은 부정적인 힘이 쉽게 우리들에게 들어옵니다. 명상은 이들 힘을 제거할 수는 없으나, 완화할 수는 있습니다. 이를 제거하는 것은 여섯째 완성인 지혜바라밀에 의해 성취됩니다.

103

**경계가 없는 하늘을 통해 방해받지 않고
날아가는 사람은 누구입니까?
그건 마음을 공성(空性)에 집중하고,
그리하여 모든 장애에서 벗어난 사람입니다.**

마지막으로 여섯째 완성은 지혜바라밀입니다. 이것이 가리키는 것은 모든 것이 둘이 아님, 공성(空性)을 아는 것입니다.

이 지혜에는 세 가지 유형이 있습니다. 즉 세속적 지혜, 초월적 지혜, 그리고 위대한 초월적 지혜 말입니다. 첫째가 가리키는 것은 공성의 진리에 대해 비개념적인[직접적] 경험을 아직 성취하지 못한 지혜이고, 둘째가 가리키는 것은 공성에 대해 직접적인 경험을 성취한 사람의 지혜이며, 셋째가 가리키는 것은 모든 장애로부터 벗어나고 완전한 깨달음을 성취할 때에만 얻는 지혜입니다.

이 지혜가 직접적으로 뿌리 뽑는 것은 모든 왜곡된 된 지각의 상태, 모든 번뇌와 망상, 모든 악업의 씨앗과 모든 왜곡의 습기입니다. 이것은 붓다의 열반에 대한 직접적인 경험과 그에 따른 윤회로부터 해방을 가져옵니다.

쫑카빠 대사가 말합니다. "지혜는 모든 것을 있는 그대로 보는 눈이고, 윤회를 뿌리부터 자르는 작용이며, 모든 경전에서 찬양받는 탁월한 보물이고, 무지를 쫓는 최상의 등불입니다. 요기인 나 자신이 이것을 길렀습니다. 해탈을 구하는 여러분도 마찬가지로 해야 합니다."

쫑카빠 대사의 지적에 의하면 이 지혜를 가장 잘 유발하는 방법은 선정과 공성의 지혜의 결합입니다. 그가 말하듯이, "윤회의 뿌리를 자르는 힘은 선정에만 놓여있지 않으며, 선정과 분리된 공성의 지혜는 아무리 애를 써도 번뇌와 망상의 힘을 제거하지 않을 것입니다. 궁극적인 진리를 찾는 지혜가 흔들림 없는 삼매의 말을 타야 합니다. 그리고 집중적인 사고의 예리한 무기로 '있다'와 '없다'에 대한 집착[常見상견과 斷見단견]을 완전히 부셔야 합니다."

104

심지어 꿈에서도 볼 수 있는
가장 놀라운 드라마는 무엇입니까?
그건 감각에는 나타나지만
환영(幻影)으로 이해해야 하는 장면들입니다.

명상 기간 중에 우리는 삼매에 든 마음을 모든 존재의 공성, 즉 모든 것은 고유하고 독립적인 존재가 없다는 데에 몰입시킵니다. 명상 후, 즉 명상 방석으로부터 일어나서 일상적인 세계에 들어갈 때는 명상 기간 중에 발생시킨 모든 것이 둘이 아님에 대한 인식이 감각에 나타나는 세계가 환영과 같고, 꿈과 같은 성질을 띠게 하는 사후효과를 갖습니다. 우리가 이 섬세한 효과를 강화하는 방법은 어떻게 모든 것이 마치 자기-성품(自性자성)을 가진 것처럼 보이나 실제로는 전혀 이원성이 없고, 환영, 환상, 꿈과 같은지에 대해 강한 억념을 유지하는 것입니다.

쫑카빠 대사가 말했습니다. "명상 중에는 일념으로 허공 같은 공성에 대해 명상하십시오. 명상 사이에는 모든 것을 마술가의 창조물로 보십시오. 이들 두 수행을 익힘으로써, 지혜와 방편이 완전히 통합되고, 우리는 보살도의 끝에 도달합니다. 이 점을 분명히 이해하고, 언제나 방편과 지혜를 균형 있게 유지하십시오. 행운아들의 이 길을 찾으십시오. 요기인 나 자신이 이것을 길렀습니다. 해탈을 구하는 여러분도 마찬가지로 해야 합니다."

2대 달라이 라마는 우리가 다음 기도를 하라고 권장했습니다. "명상 중에는 제가 모든 존재의 공성을 파악하는 통찰, 즉 어떻게 모든 나타나고 변하는 현상들이 전혀 실재하지 않고, 단지 개념적인 마음의 생각들일 뿐이라는 것을 깨닫게 하소서. 명상 사이에는, 제가 이 통찰을 저의 일상적인 활동 속으로 가져와서 감각에 나타나는 모든 것을 관찰하며 그들이 독립적으로나 실제로 존재하는 것으로 집착(생각)하지 않고, 마술가의 창조물이나 꿈을 지켜보듯 하며, 허나 이들 나타나는 현상들은 그럼에도 불구하고 인과의 법칙에 따라 작용한다는 것을 깨닫게 하소서."

105

모든 선(善)을 껴안는
탁월한 행위는 무엇입니까?
그건 자신의 마음 깊은 곳으로부터
자기와 남들의 선을 기뻐하는 것(隨喜수희)입니다.

7대 달라이 라마는 육바라밀에 관한 그의 게송들을 자기와 남들의 선을 언제나 기뻐하는 것을 실천하는 것에 대한 이 언급으로 종결합니다. 그가 이렇게 하는 데에는 여러 가지 이유가 있습니다.

첫째, 남들의 선과 영광, 성공을 기뻐하는 것은 질투가 일어나는 것을 막는 힘입니다. 질투는 쉽게 분노와 미움을 일으키는데, 이것은 보살도의 주요 장애입니다. 언제나 마음을 남들에 대해 기뻐하는 영역에 유지함으로써, 이 독은 제거됩니다.

둘째, 많은 양의 힘과 용기가 있어야 보살의 육바라밀 수행에 수반되는 일관되게 긍정적인 노력을 유지할 수 있습니다. 자기와 남들의 선과 공덕을 기뻐하는 것은 자기 자신의 내면에 긍정적인 것을 강화하고 이 힘과 용기를 지탱하는 데에 도움을 줍니다.

쫑카빠 대사가 말했습니다,

"기뻐하는 것은 놀랍게 매우 강력한 수행입니다. 왜냐하면 이것은 모든 다른 노력에 힘을 보태주고, 많은 장애를 제거하며, 우리들의 내면의 기쁨을 증가하기 때문입니다. 이것에 의해 우리는 자기와 남들의 과거와 현재, 미래의 선(善)을 곧 바로 우리들의 삶 속으로 끌어들일 수 있기 때문입니다."

106

윤회와 열반의 탐닉들을 초월할
길은 무엇입니까?
그건 자기-중심적인 생각들로부터 등을 돌리고
깨달음을 위한 이타적인 소원인 보리심을 일으키는 것입니다.

해탈과 깨달음의 길을 추구하는 분들은 두 가지 주요 함정인 윤회에 대한 탐닉, 혹은 세속적인 영광으로 끌림, 그리고 열반에 대한 탐닉으로 이르는 길, 혹은 초월적인 기쁨을 피해야 합니다. 보살의 서원은, 육바라밀 수행의 기반인데, 우리가 이들 두 장애를 피하게 도와줍니다.

미륵 붓다께서 보살의 태도에 대해 말씀하셨습니다. "그것의 지혜의 힘 덕분에 그것은 윤회에 대한 탐닉으로부터 보호해주고, 그것의 자비의 힘 덕분에 그것은 개인적인 열반에 대한 탐닉으로부터 보호해준다." 보살의 지혜는 세 가지 바퀴, 즉 보살도를 수행하는 사람, 수행되는 길, 그리고 수행이라는 행위의 공성(空性)[三輪淸淨삼륜청정]을 깨닫습니다. 이 때문에, 명상 중에 일어나는 모든 기쁜 경험, 비범한 힘 등은 꿈과 환영, 마술가의 창조물로 봅니다. 이것은 윤회에 대한 탐닉으로부터 보호해줍니다. 더욱이, 환영 같은 중생들에 대해 자연적으로 흐르는 위대한 자비는 무관심과 자기만족의 본능을 잘라버리고 단순한 (개인적인) 열반으로부터 보호해줍니다. 중생들에게 최대의 이익이 되기 위한 수단으로서 최상의 깨달음에 대한 서원은 수행자로 하여금 개인적인 열반의 심연을 지나 완전한 붓다의 경지 자체의 바로 그 피안으로 나아가게 합니다.

위대한 인도의 스승 샨띠데와가 말했습니다. "우리가 강력한 보호자에게 의지할 때, 우리들의 가장 큰 허물도 용서됩니다. 그렇다면 왜 지혜로운 사람이 보리심에 의지하지 않겠습니까, 그것은 모든 허물로부터 신속하게 해방시켜주는데 말입니다. 겁(劫) 말에 불이 세계를 태우듯이, 보리심은 즉시, 완전히 모든 강력한 부정적인 것들을 태워버립니다."

(보충) **마음 키우기[자기 확장] 수행 – 여의주보다 더 소중한 가르침**

불교의 세계관에 의하면 마음에는 시작이 없으며 시간에도 시작이 없습니다. 그러므로 모든 중생들은 무수한 전생과 무수한 어머니를 갖고 있습니다. 중생들 모두가 우리들의 어머니나 다름없습니다.

1 모든 중생들을 자신의 어머니로 인식합니다.

2 그들의 친절(은혜)에 대해 감사를 느낍니다.

3 그들의 친절에 대해 보답하기를 원합니다.

4 이들 셋이 원인이 되어 자심(慈心)을 일으킵니다.

5 자심은 비심(悲心)을 일으키는 원인이 됩니다.

6 중생들을 위해 일하는 부담을 자기 자신이
  떠안으려는 개인적인 책임감을 일으킵니다.

7 이로부터 모든 중생들을 위해 깨달음을 얻으려는
  마음(보리심)이 일어납니다.

여의주보다 더 귀한 이 가르침을 전해주신 모든 스승님들께 지극히 공경하는 마음으로 절을 올립니다. 이것을 통해 우리는 무시 이래 우리들과 인연을 맺은 모든 어머니와 아버지, 형제와 자매, 아들과 딸들의 소중함과 한없는 사랑을 만날 수 있습니다.

107

일체지(一切智=成佛성불)로 여행하는 분들의
다리와 눈은 무엇입니까?
다양한 수행 방법들이 다리이고,
모든 것의 궁극적인 양상(空性공성)을 보는 지혜가 눈입니다.

이 게송으로 7대 달라이 라마는 그의 인도의 영웅 중 또 한 분으로 나가르주나의 공성의 가르침을 밝혀준 스승 아사리 찬드라끼르띠에게 경의를 표합니다. 찬드라끼르띠는 그의 대작 『중론 주석서』에서

(이 책은 7대 달라이 라마가 젊은 시절에 3년 동안 공부했습니다) 이 비유를 이용해서 육바라밀이 수행자를 깨달음으로 데려다주는 방법을 설명합니다. 그는 첫 다섯 바라밀, 즉 보시, 지계, 인욕, 정진, 선정을 여행자의 다리에 비유하고, 여섯째 바라밀, 즉 지혜바라밀을 눈에 비유합니다. 그는 첫 다섯 바라밀에 대해서는 대충 윤곽만 제시하고, 텍스트의 주 부분을 지혜의 완성, 혹은 그 여행에 필요한 눈을 열리게 하는 데에 바칩니다. 깨달음이란 도시로 이르는 여행을 하기 위해 우리는 튼튼한 다리와 밝은 눈 둘 다 필요합니다.

또한 같은 책에서 찬뜨라끼르띠가 말합니다,

"거위 왕은 무리의 앞에서 날아가는데, 관습(즉 방편)과 如如여여(즉 지혜)라는 그의 두 넓은 하얀 날개가 활짝 펼쳐져있습니다. 거대한 공덕이라는 강력한 바람을 타고, 그는 쉽게 바다를 건너 깨달음의 탁월[성취]로 갑니다."

7대 달라이 라마는 종종 갑자기 신비한 노래를 불렀는데, 언젠가 다음과 같이 노래했습니다.
 아 올 라, 지혜로운 이들은 노래하네, 야 이 야 이.
 큰 자비로 붙잡은 공성의 지혜가 대승의 핵심이네.

 아 올 라, 지혜로운 이들은 노래하네, 야 이 야 이.
 이것을 육바라밀을 기반으로 수행하는 것이 막강한 보살도(道) 자체이네.

 아 올 라, 지혜로운 이들은 노래하네, 야 이 야 이.

 이것은 방편과 지혜의 결합이고, 이걸 통해 대락(大樂)과 공성의 춤이 우리들의 모든 경험에 퍼지네.

(보충)   공을 만난 기쁨

"이들은 평범한 사람임에도 공(空)에 관해 들으면,
되풀이해서 내부에서 커다란 기쁨이 일어나고,
눈은 기쁨의 눈물로 가득 차며,
온 몸의 털이 곤두선다네."

이런 분들은 전생에 공에 대해 많이 공부하신
분들입니다. 이 귀한 인연 때문에 금생에 다시
이 귀한 가르침을 만나는 행운을 갖게 된 것입니다.

108

윤회와 열반에서 모든 선(善)의
뿌리는 무엇입니까?
그건 본래 모든 얼룩에서 벗어난
자기 자신의 마음의 맑은 빛(淨光明정광명)입니다.

모든 의식적인 삶의 기반은 마음인데, 이것은 빛과 앎이라는 두 가지 특징을 갖고 있습니다. 가장 섬세한 수준에서, 마음은 청정한 빛, 혹은 본래의 맑은 빛(정광명)입니다. 미륵 붓다는 마음의 이 면을 하늘에 비유하셨습니다. 왜곡(망상)과 번뇌의 구름들이 하늘을 통해 움직이고, 때로는 태양의 빛을 방해까지 하나, 그들은 실제로 하늘을 해치거나 더럽힐 수 없습니다. 조건들이 변하면, 구름들은 사라지고 청정한 하늘이 빛나며 온갖 영광을 드러냅니다.

마음의 본성은 모든 중생들의 경우에, 지렁이로부터 붓다에 이르기까지, 똑같이 청정합니다. 그러나 기본적인 수준의 의식을 가진 중생들은 자아의 성품에 대한 오해 때문에 망상과 번뇌의 먹이가 됩니다. 이러한 요인들에 의해 움직여서, 그들은 부정적인 행동을 하여 자기와 남들에게 고통을 가져옵니다. 겉으로 가장 사악해 보이는 사람도 자기 존재의 심장에 본래의 정광명의 마음을 갖고 있습니다. 종국에 가서 망상과 번뇌의 구름들은, 그 존재의 지혜가 성장함에 따라서 사라지고, 이들 부정적인 마음가짐으로부터 나오는 사악한 행동은 자연히 사라집니다. 그 존재는 자기 자신의 마음의 본성을 깨닫게 되고, 해탈과 깨달음을 성취할 것입니다.

붓다께서 말씀하셨습니다. "세상을 이끄는 것은 마음이다. 모든 선행과 악행은 마음에 의해 만들어진다. 그것은 불의 바퀴처럼 회전하고, 파도처럼 움직이며, 숲의 불처럼 불타며, 큰 강처럼 넓어진다."

현 달라이 라마 성하께서 언젠가 말씀하셨듯이, "정광명의 마음은 중생들에게 잠재해있는데, 이것이 인류의 큰 희망입니다."

7대 달라이 라마는 깨달음의 길에 대한 그의 글을 이러한 긍정적인 논조로 종결합니다. 이것이 그가 우리들에게 제공하는 마지막 지혜의 보석입니다.

회향

무엇이 번뇌이고 무엇이 번뇌가 아닙니까?
그 차이를 보여주기 위해 제가 성인(聖人)들의
말씀들로부터 이 유용한 조언의 노래를 써서
소중한 보석의 줄로 엮어놓았습니다.

> 이것이 갖게 될 공덕으로, 모든 중생들이
> 빨리 지혜의 붓다, 문수의 경지에 이르소서.
> 이들이 초월해야 할 것과 길러야 할 것을 분별하는
> 깨달음의 눈 여소서, 그리고 이들이 내면의
> 지식과 끝없는 기쁨의 최상의 상태에 도달하소서.

모든 티베트의 책들은 하나(또는 몇 개)의 회향 게송으로 종결합니다. 이것은 인도의 불교로부터 채택되어 오늘날까지 계속되어온 저술의 전통입니다. 7대 달라이 라마는 이 책을 문수에게 바치는 경예의 게송으로 시작했는데, 이 보살님은 공성의 지혜를 상징합니다. 그리고 여기서 그는 모든 중생들이 그와 같은 최상의 상태에 도달하기를 바라는 서원으로 이 책을 종결합니다.

"제가 성인들의 말씀으로부터 유용한 것들을 골라 이 노래를 썼다"는 그의 말은 그가 가르침을 받은 과거의 모든 위대한 스승들에게 경의를 표하는 그의 방식입니다. 그의 말은 그의 저서가 이들 위대한 존재들의 가르침들의 되풀이이며, 단지 자기 자신이 만든 말이나 생각이 아니라는 것입니다. 저자로서, 그는 그의 텍스트가 작성된 형식을 고안한 예술가이나, 그가 갖고 작업하는 기본적인 물감은 과거의 시간을 초월한 영원한 지혜입니다.

그의 서원은 그의 저서를 읽는 모든 분들이 초월할 것과 기를 것을 분별하는 눈을 열고, 그리하여 내적인 지식과 끝없는 기쁨의 최상의 상태에 도달하는 것입니다.

권말(卷末) 기도

여기까지 오신 분들은 이미 많은 축복을 받으셨을 겁니다. 아직 많은 보물을 못 찾은 분들은 탐색을 계속하십시오, 어디에서나 소중한 깨달음과 감사의 눈물이 날 때까지.

아직 안 보신 분들은 김영로의 『죽음수업』을 보십시오. 죽음에 대한 공부와 준비뿐만 아니라 이 책을 이해하는 데에도 도움이 될 겁니다.

좋은 인연은 더 좋은 인연으로 이어지게 마련입니다. 이 귀한 가르침과 길연을 맺은 분들이 모두 더 큰 깨달음과 기쁨으로 계속해서 발전해가길 기원합니다.

대자대비 관세음의 화현이신 달라이 라마님들의 축복으로 모든 어머니 중생들이 길이길이 평화와 행복을 누리소서!
옴 마니 반메 훔(OM MANI PADME HUM)

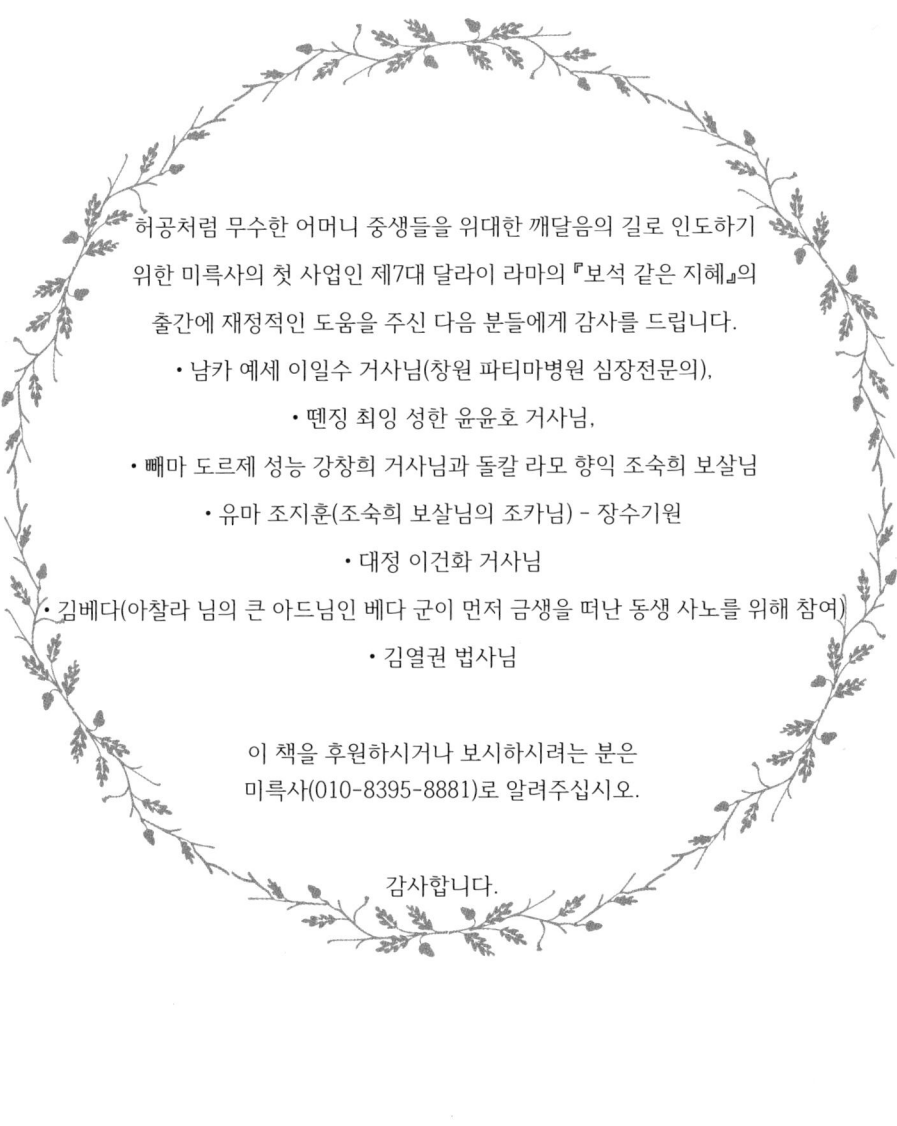

허공처럼 무수한 어머니 중생들을 위대한 깨달음의 길로 인도하기
위한 미륵사의 첫 사업인 제7대 달라이 라마의 『보석 같은 지혜』의
출간에 재정적인 도움을 주신 다음 분들에게 감사를 드립니다.

• 남카 예세 이일수 거사님(창원 파티마병원 심장전문의),

• 뗀징 최잉 성한 윤윤호 거사님,

• 빼마 도르제 성능 강창희 거사님과 돌칼 라모 향익 조숙희 보살님

• 유마 조지훈(조숙희 보살님의 조카님) - 장수기원

• 대정 이건화 거사님

• 김베다(아찰라 님의 큰 아드님인 베다 군이 먼저 금생을 떠난 동생 사노를 위해 참여)

• 김열권 법사님

이 책을 후원하시거나 보시하시려는 분은
미륵사(010-8395-8881)로 알려주십시오.

감사합니다.

ༀ་མ་ཎི་པ་དྨེ་ཧཱུྃ་